고수의 귤 까기 아트

시선강탈

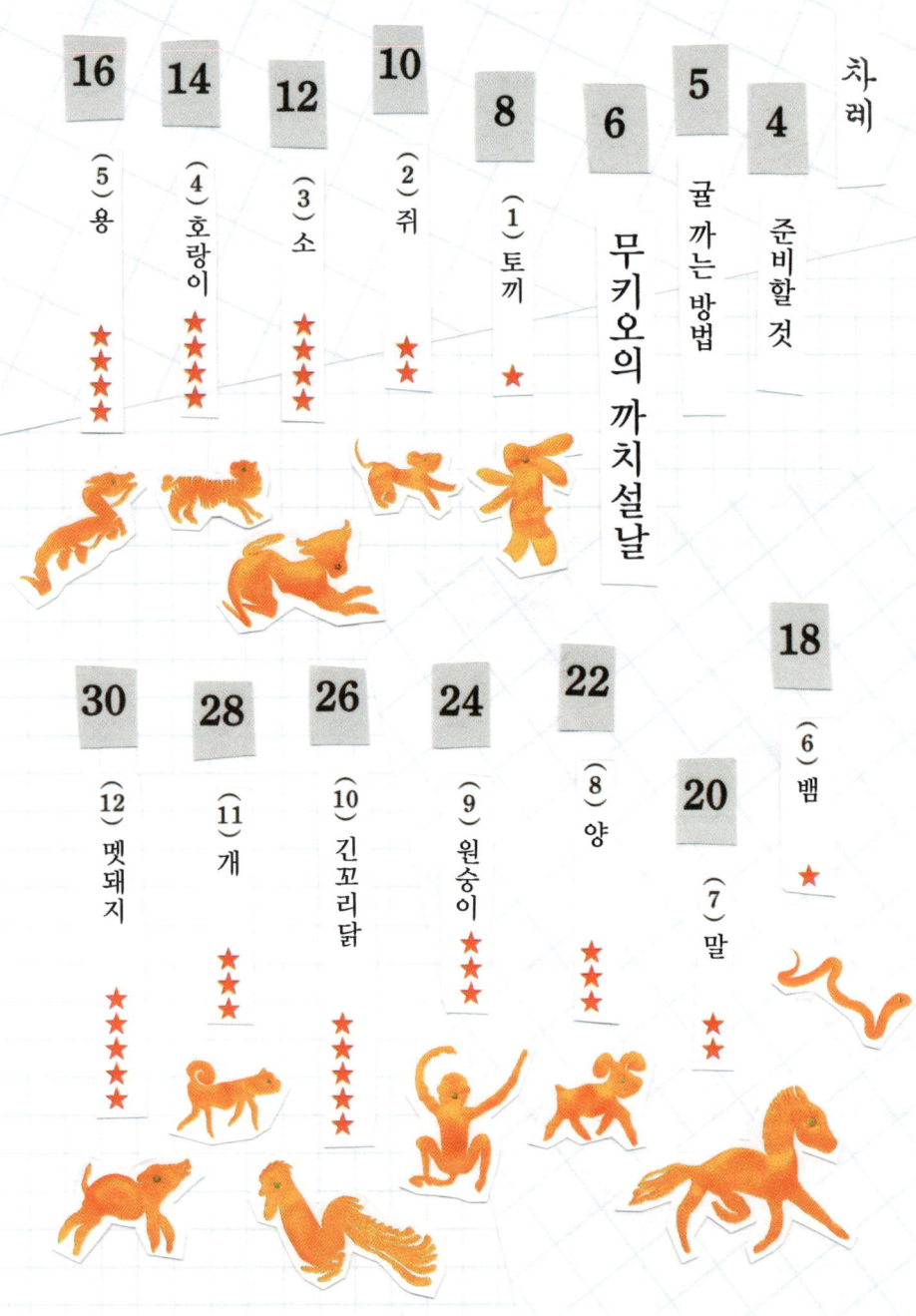

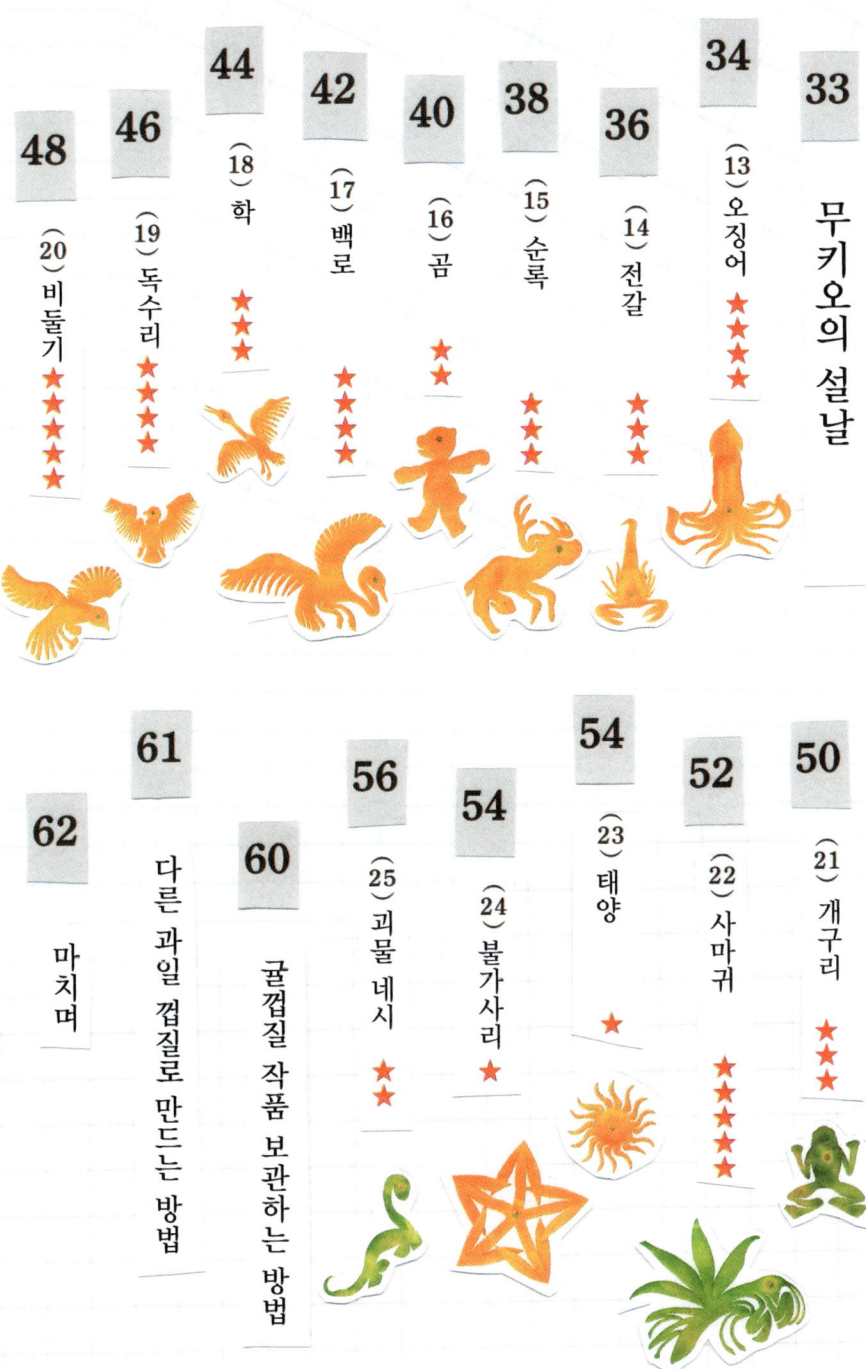

준비할 것

귤이 나지 않는 계절에는 오렌지, 여름 밀감, 유자, 천혜향 등

초록색 작품을 만들 땐 청귤

귤

작은 가위
(칼날이 짧고 앞부분이 좁은 공예용을 추천한다.)

이쑤시개나 꼬치

유성 볼펜

지우개

그리고

커터 칼

주의!

커터 칼을 쓸 때는 꼭 어른과 함께한다.
손을 베지 않도록 각별히 조심한다.

귤 까는 방법

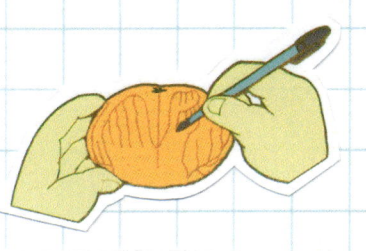

1 그리기

귤을 내려다보면서 정가운데에
밑그림을 그린다.
이때 머리가 움직이지 않아야 한다.
처음에 ✛(열십자) 선을 그려 놓고
하면 더 쉽다.

선이 많은 부분을
먼저 그린다.
중간에 고치고 싶을 때는
지우개 끝으로
조금씩 지운다.

3 까기

2 선 따라 자르기

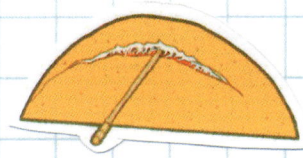

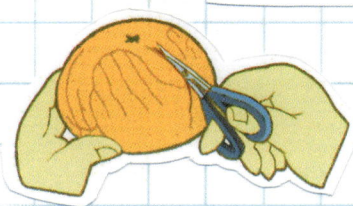

가장 즐거운 순간이다!
귤껍질을 손으로 벗긴다.
섬세한 부분을 깔 땐
먼저 이쑤시개나
꼬치로 속껍질을
정리한다.

밑그림을 따라
가위로 찬찬히 자른다.
촘촘하게 그린 부분은
커터 칼을 쓰면 편하다.
칼날을 아주 조금만 꺼내서
조심조심 자른다.

◆ 부모님에게 ◆

껍질이 얇아서 찢어지기 쉬운 귤의 밑그림을 지울 때는
약국에서 파는 에탄올(소독용 알코올)을 천에 묻혀서 닦으세요.
에탄올을 다 쓰고 난 다음에는 꼭 어린이의 손에 닿지 않는 곳에 보관하세요.

무키오가 그렇게나 좋아하는 귤을 먹지는 않고
가만히 보고만 있습니다.
표정까지 심각해져서는 골똘히 생각하고 있네요.
'그냥 먹어도 될까?
내가 너무너무 좋아하는 귤인데, 막 까먹어도 되는 걸까?
아니, 그건 귤에 대한 예의가 아니지!'

무키오의 까치설날

'음, 좋았어!'
마침내 좋은 생각이 떠올랐습니다.
귤껍질을 까는 새로운 방법 말이죠.

1 토끼

"토끼를 까다니!"
엄마는 깜짝 놀랐습니다.
"어머, 무키오. 너 이제 보니 귤 까는 데 재능이 있구나.
더 열심히 해 보렴."
'좋아! 내가 까 냈어. 더 까야지.
다 깔 거야.'
무키오 마음속에 무언가가 술렁입니다.
오늘은 까치설날,
올해의 마지막 날입니다.

토끼 까는 방법

〈난이도〉
★

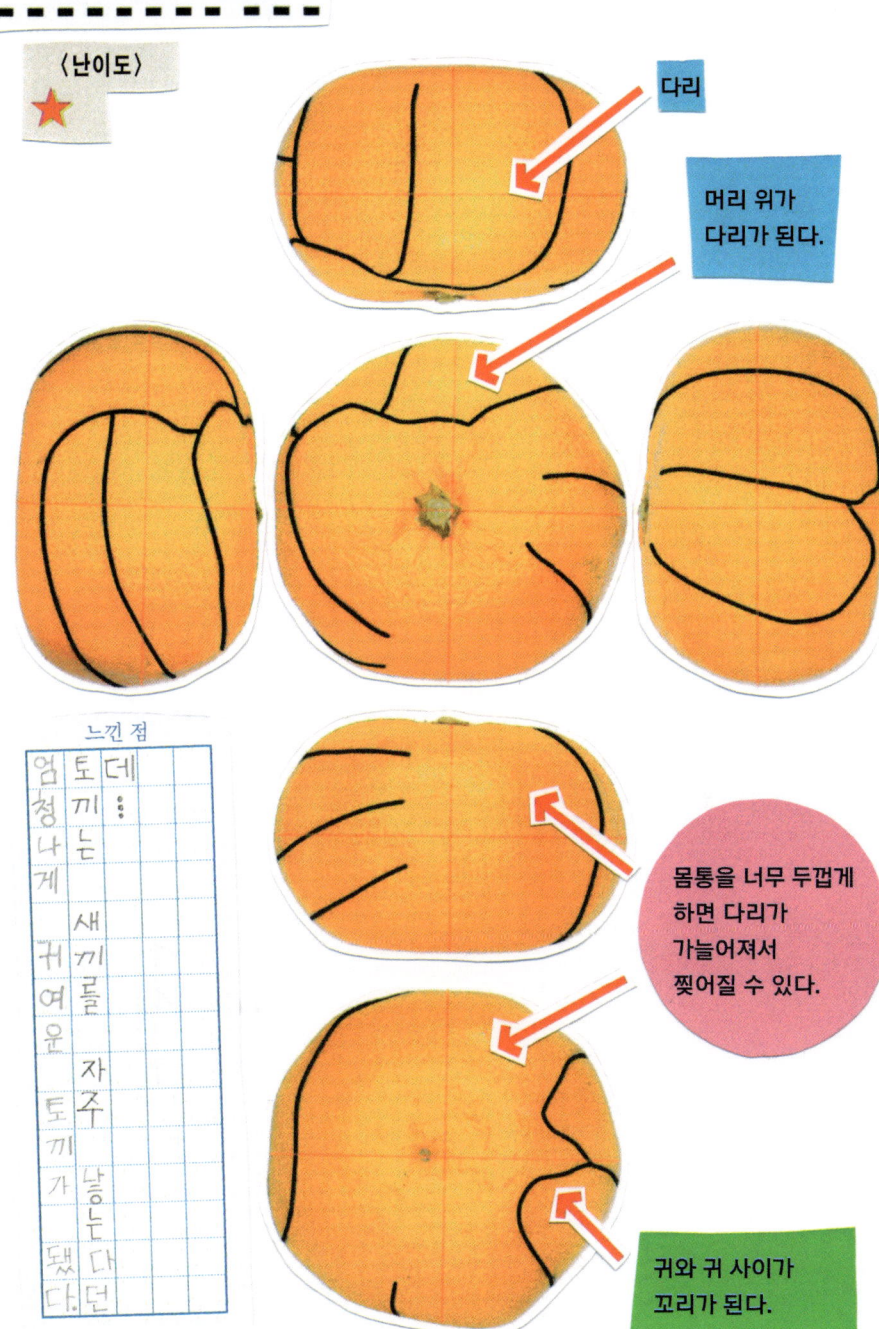

다리

머리 위가 다리가 된다.

몸통을 너무 두껍게 하면 다리가 가늘어져서 찢어질 수 있다.

귀와 귀 사이가 꼬리가 된다.

느낀 점

엄청나게 귀여운 토끼가 됐다.
토끼는 새끼를 자주 낳는다.
데…던

"쥐구나! 무키오, 이건 쥐야! 그런 거쥐?"
엄마가 물었습니다.
"열두 동물을 다 깔 거예요."
무키오가 말했습니다.
"응?"
"열두 띠를 이루는 동물들을
만들 거라고요."
"정말? 정말 그걸 다 깔 거니?"
무키오는 조용히 고개를
끄덕였습니다.

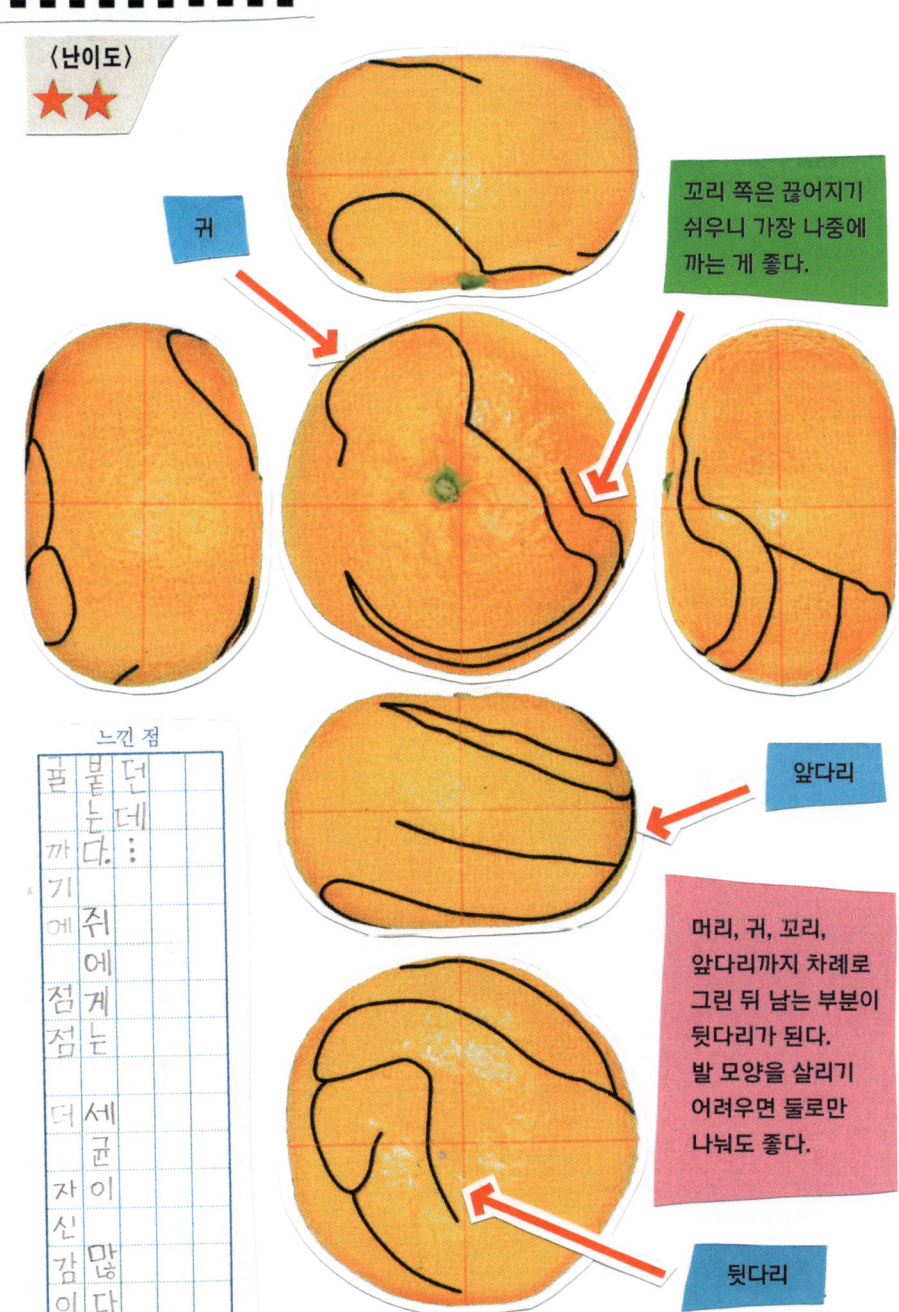

3 소

여동생 무키미가 다가왔습니다.
"오빠, 나도 깔래."
무키미가 거침없이 소를 까 냈습니다.
'헉, 이럴 수가!'
무키오의 가슴에 조용히
불이 붙었습니다.

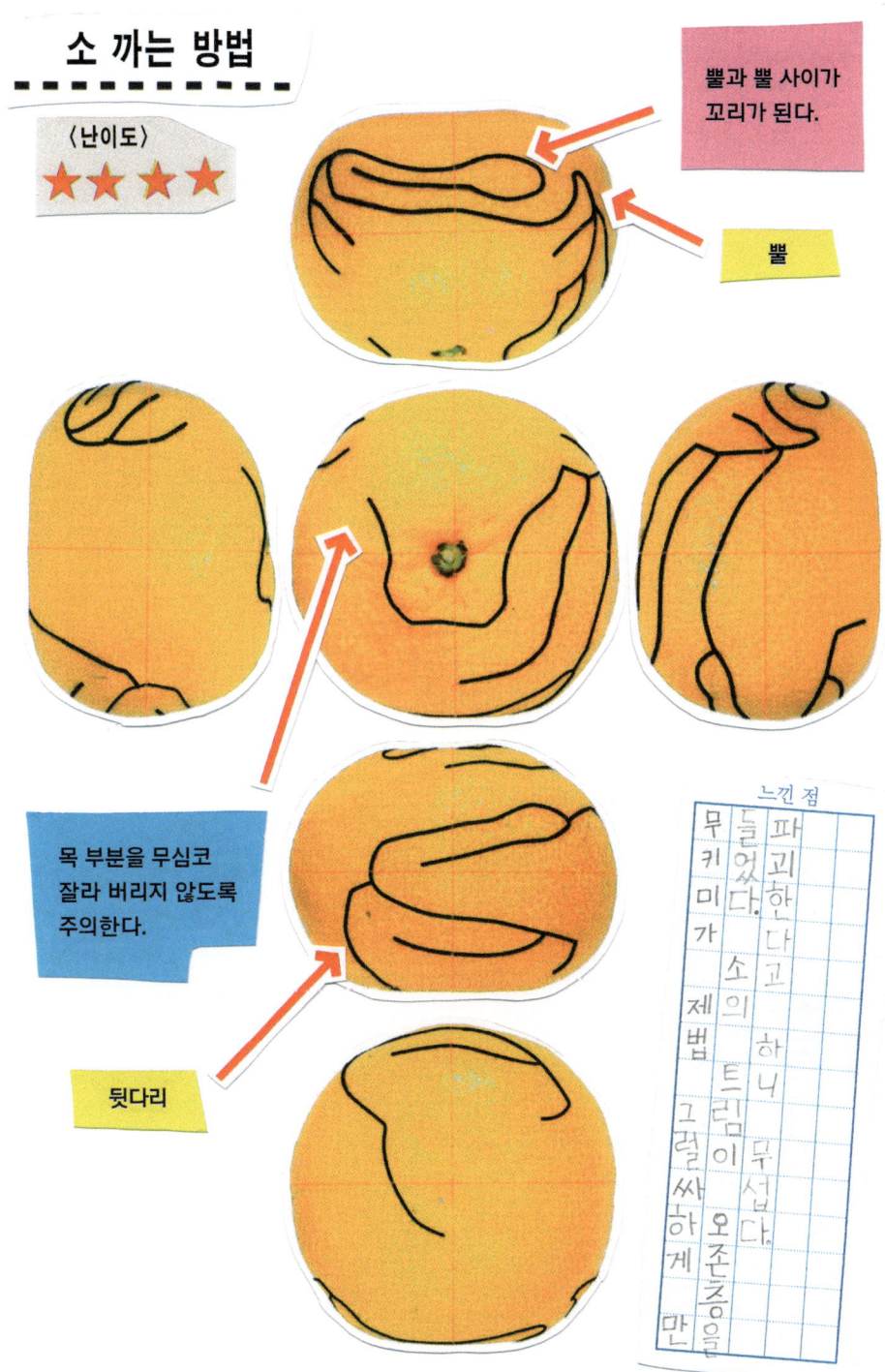

호랑이

무키오가 귤로 호랑이 한 마리를 까 낸 다음
비장한 표정으로 말했습니다.
"병풍에서 호랑이를 내쫓아 주십시오."
그걸 보고 엄마는 깜짝 놀랐습니다.
옛이야기*에 나오는 병풍 속 호랑이가
진짜로 튀어나온 것 같았기 때문입니다.
"역시 형만 한 아우가 없구나."

*옛이야기
옛날 일본에서 어느 장군이 스님의 현명함을 시험하려고 병풍 속 호랑이를 잡아 달라고 했다. 그러자 스님은 밧줄을 들고 병풍 앞에 서서 "제가 잡을 테니 병풍에서 호랑이를 내쫓아 주십시오."라고 말했다고 한다.

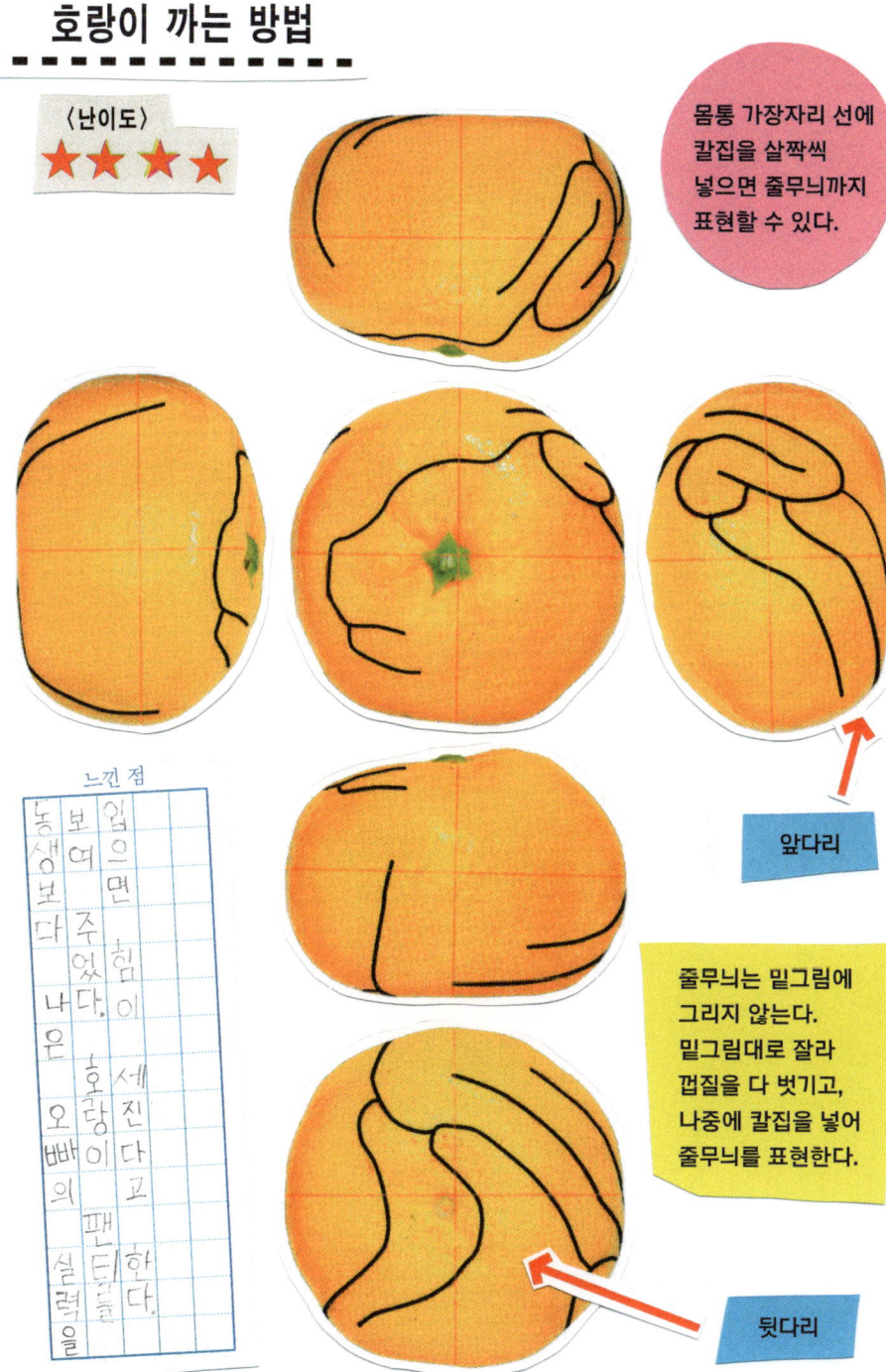

5 용

"나 또 깔래!"
무키미가 이번에도
휘리릭 용을 까 냈습니다.
그것은 귤껍질이라고는
생각할 수 없는,
날아오르는 용 그 자체였습니다.
무키오는 생각했습니다.
'무키미! 아직 끝나지 않았어.
진짜 승부는 이제부터야.'

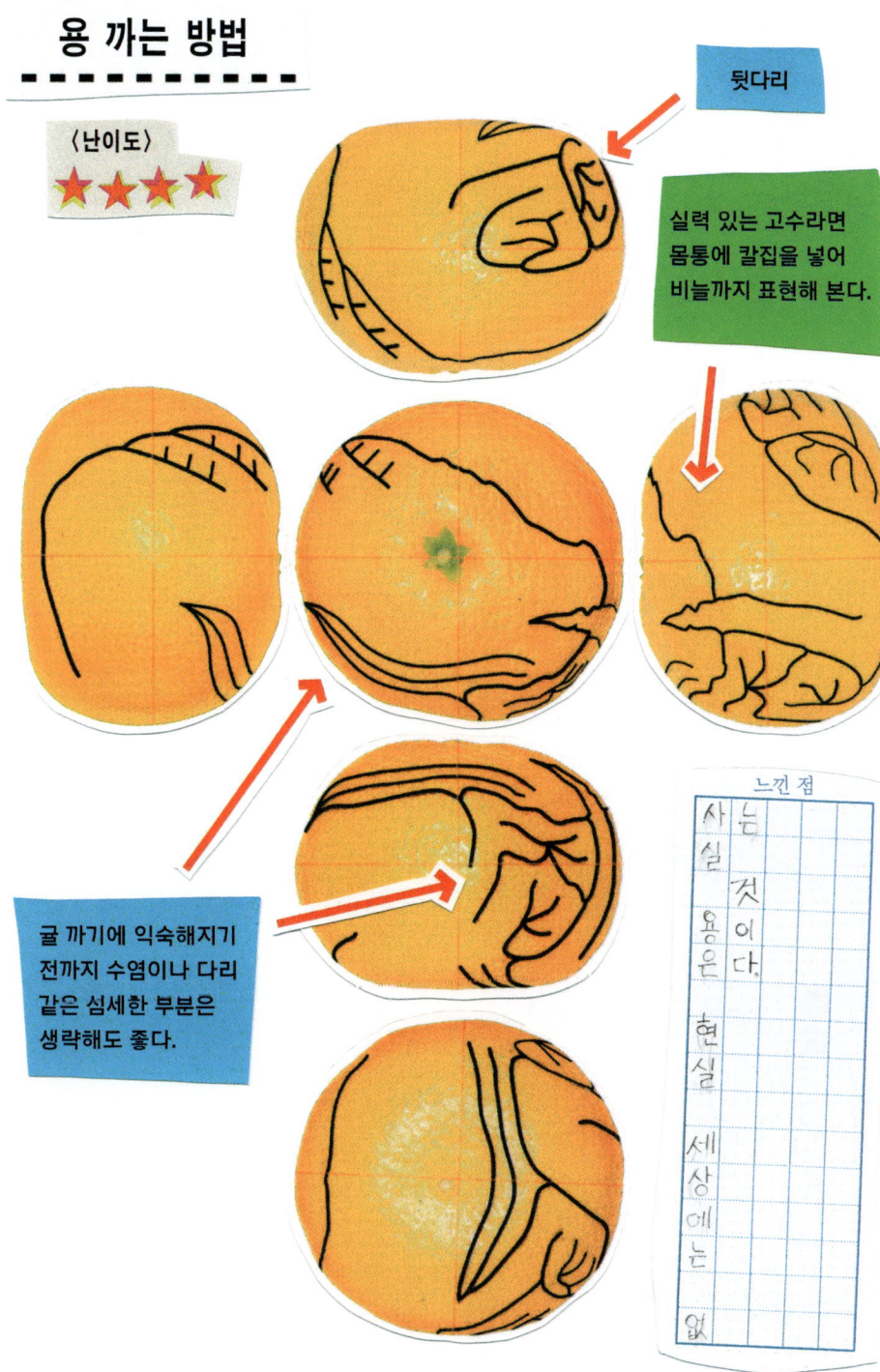

6 뱀

무키오도 지지 않으려고
새로운 동물을 까기 시작했습니다.
"뱀이다!"
무키미가 외쳤습니다.
마치 사과 껍질을 길게 깎아 내듯
훌륭한 뱀을 까 냈습니다.
"음, 군더더기 없이 깔끔하고
뛰어난 작품이야."
무키오가 만족스러운
표정으로 말했습니다.

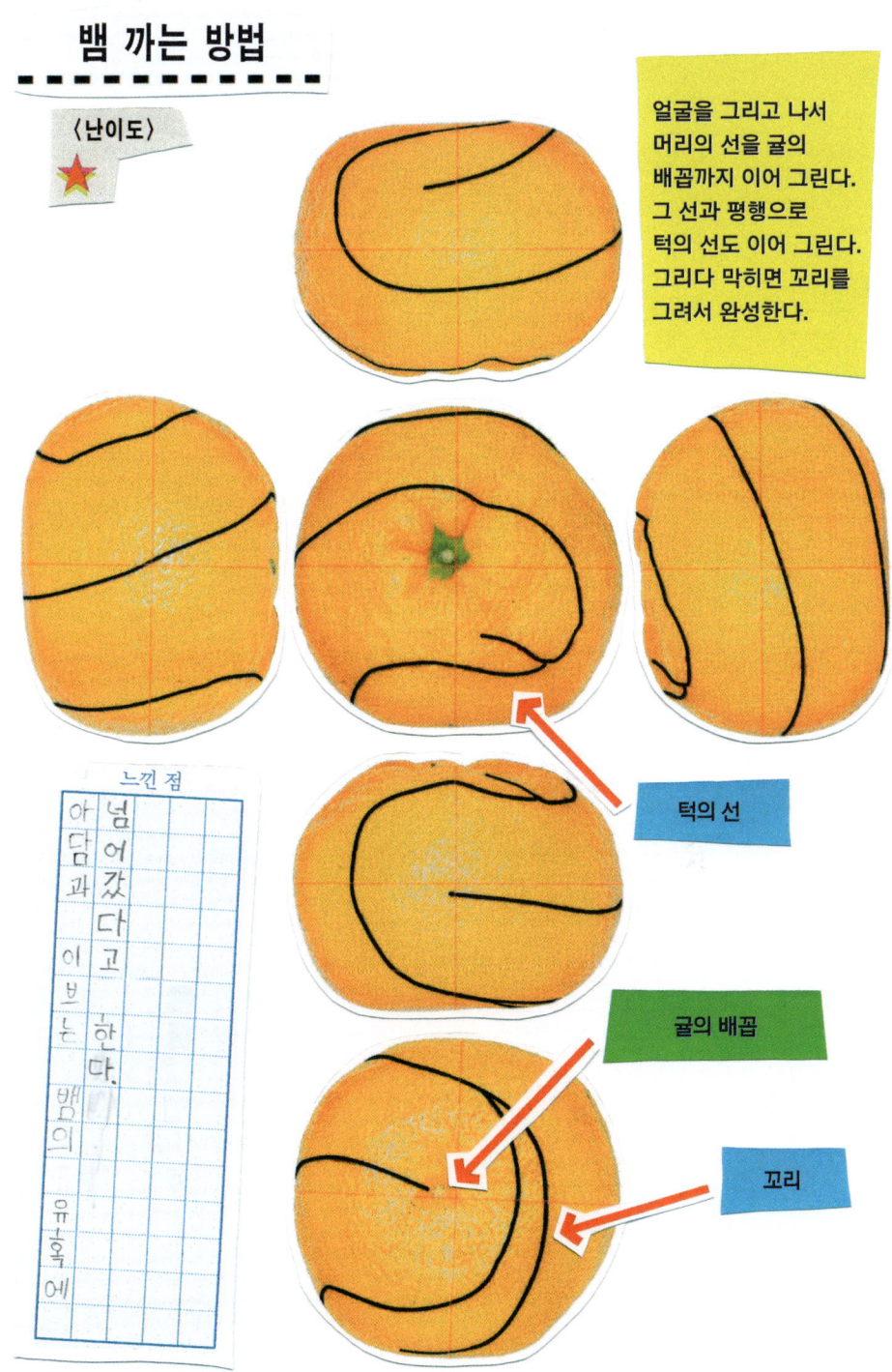

무키오는 멈추지 않고
계속해서 동물을 까 냈습니다.
이번에 만든 동물은 품위 있는
갈기와 쭉 뻗은 다리를 가진
말입니다.
"어머, 멋지구나."
엄마가 넋을 잃고 말았습니다.

 말

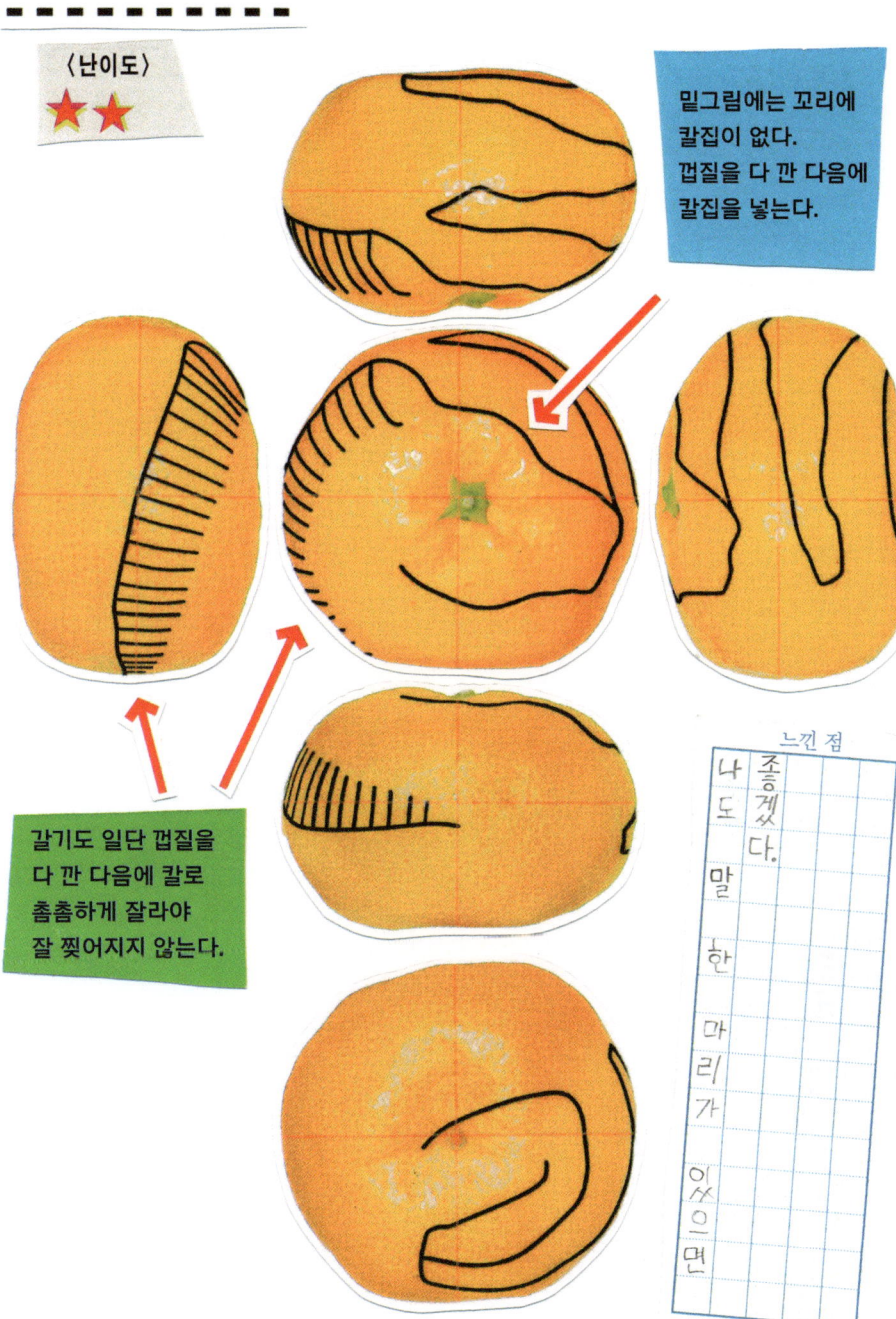

 양

여동생 무키미가 둥글게 말린 뿔이 귀여운
양을 까 냈습니다.
"밤에 양을 하나둘 세다 보면 잠이 잘 오지."
엄마가 말했습니다.
"그럼 더 많이 까야겠네요."
무키미가 대답했습니다.
"호호호!"
모두 웃었지만 단 한 명,
무키오만은 웃지 못했습니다.
그렇습니다. 아직 까야만 하는
동물이 더 남아 있기 때문입니다.

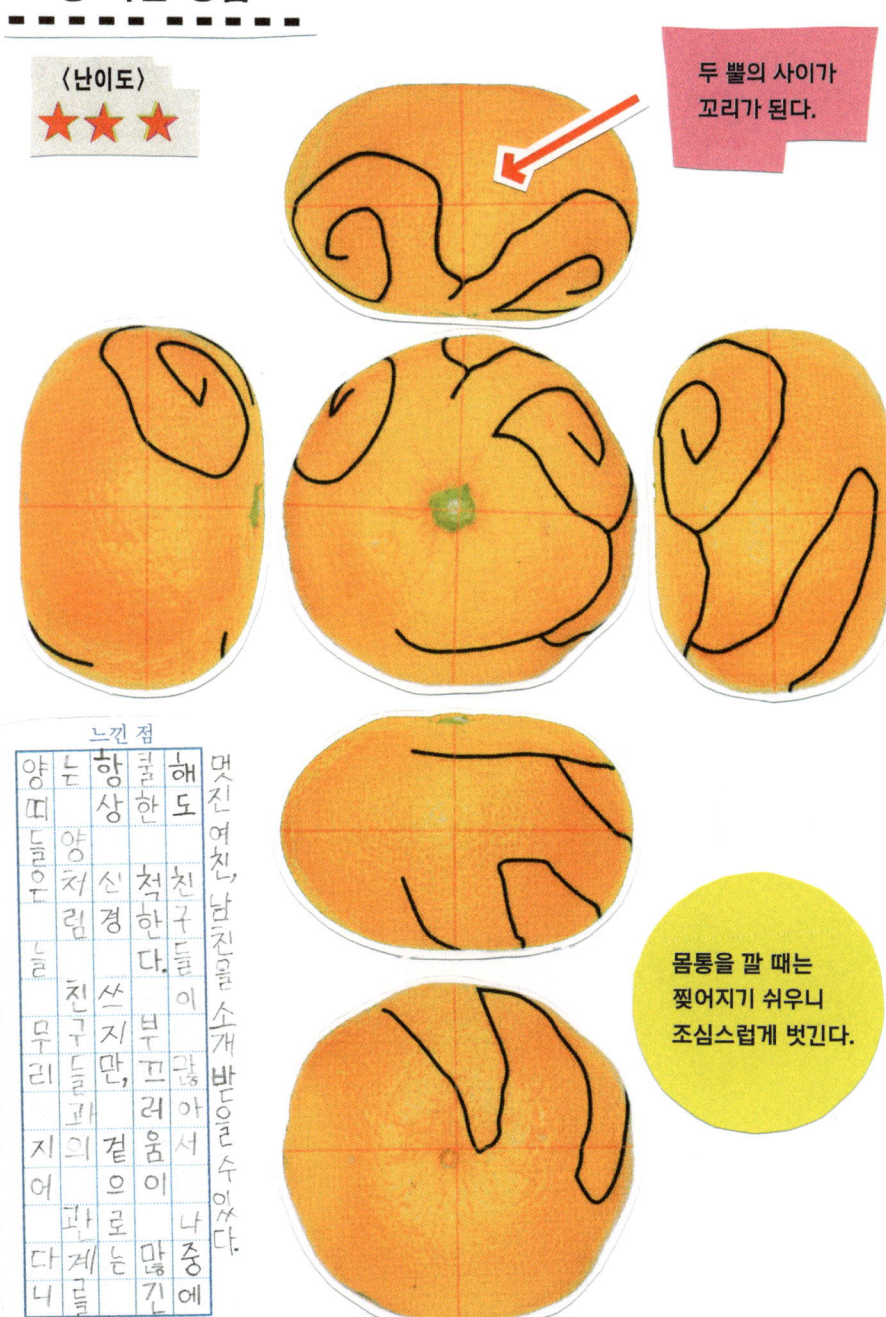

9 원숭이

"다음은 원숭이다!"
무키오가 엄청난 집중력으로
귤을 깠습니다.
그 모습을 보고 엄마는
생각했습니다.
'무키오가 귤껍질을 벗기면서
자신의 한계도 벗겨
내고 있구나.'

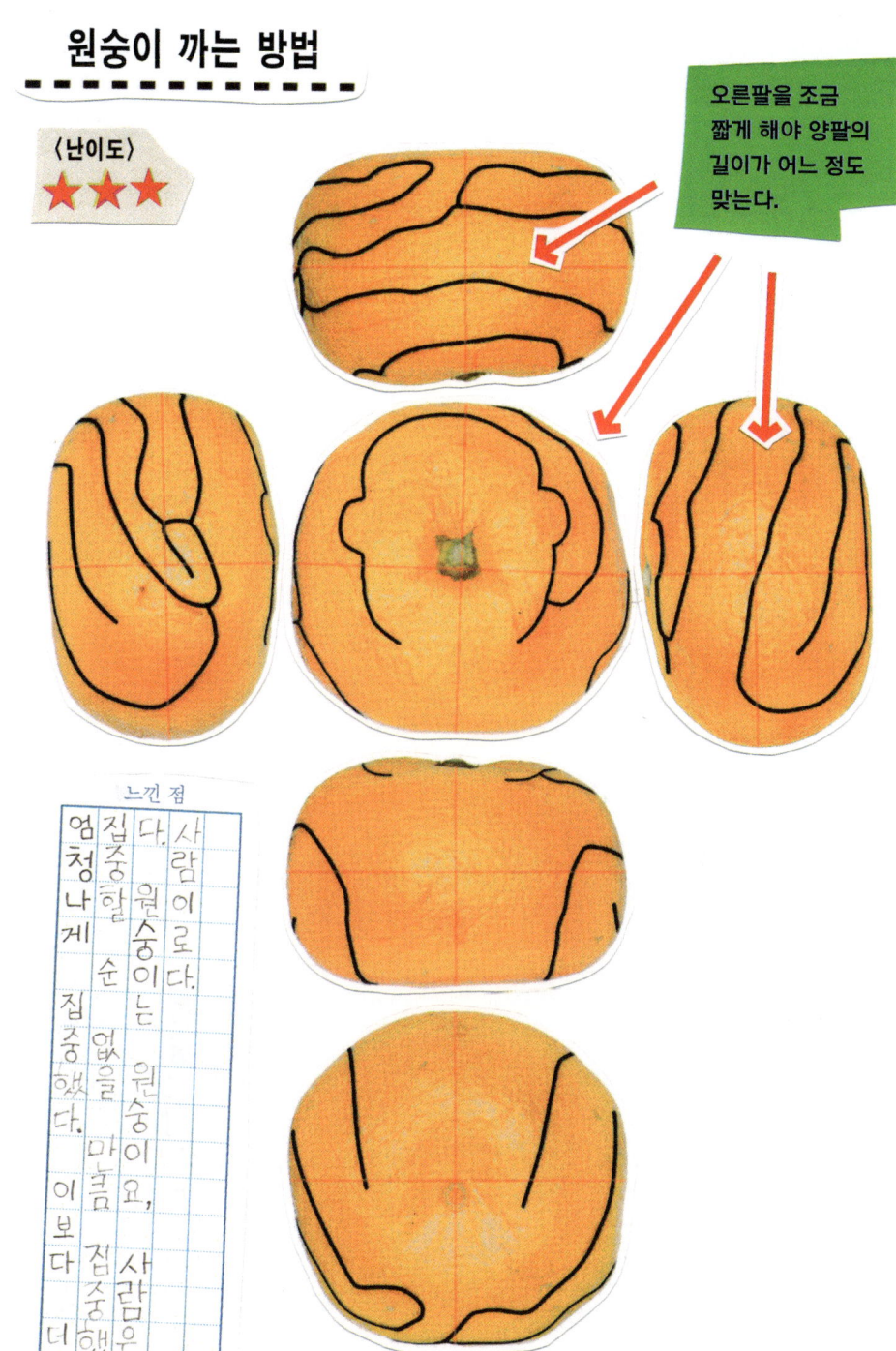

 긴꼬리닭

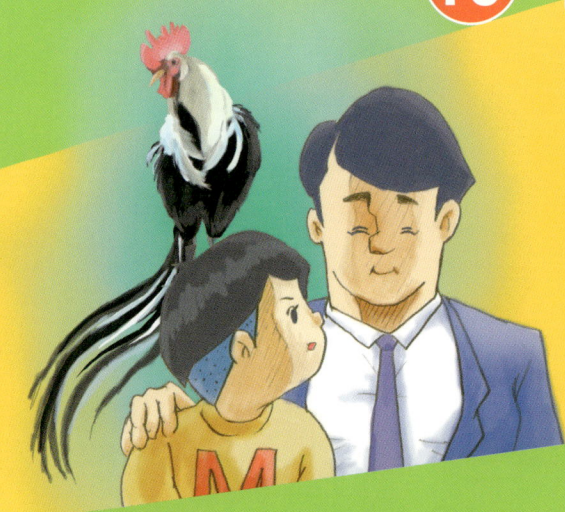

"멋진 긴꼬리닭이구나."
일을 마치고 돌아온 아빠가 말했습니다.
"아빠, 이거 제가 깐 거예요."
"우리 아들, 아주 훌륭하구나. 다른 것도 더 까 보렴."
열두 동물 완성이 코앞입니다.

11 개

"오빠, 이것 봐. 개야."
무키미가 꼬리를 위로 말아 올린 개를 까 냈습니다.
"이제 곧 열두 동물을 모두 완성하겠구나."
엄마가 흐뭇한 표정으로 말했습니다.
"오빠, 이거 오빠한테 줄게."
'무키미….'
"무키오, 끝까지 해낼 거지?"
아빠가 물었습니다.
"네!"

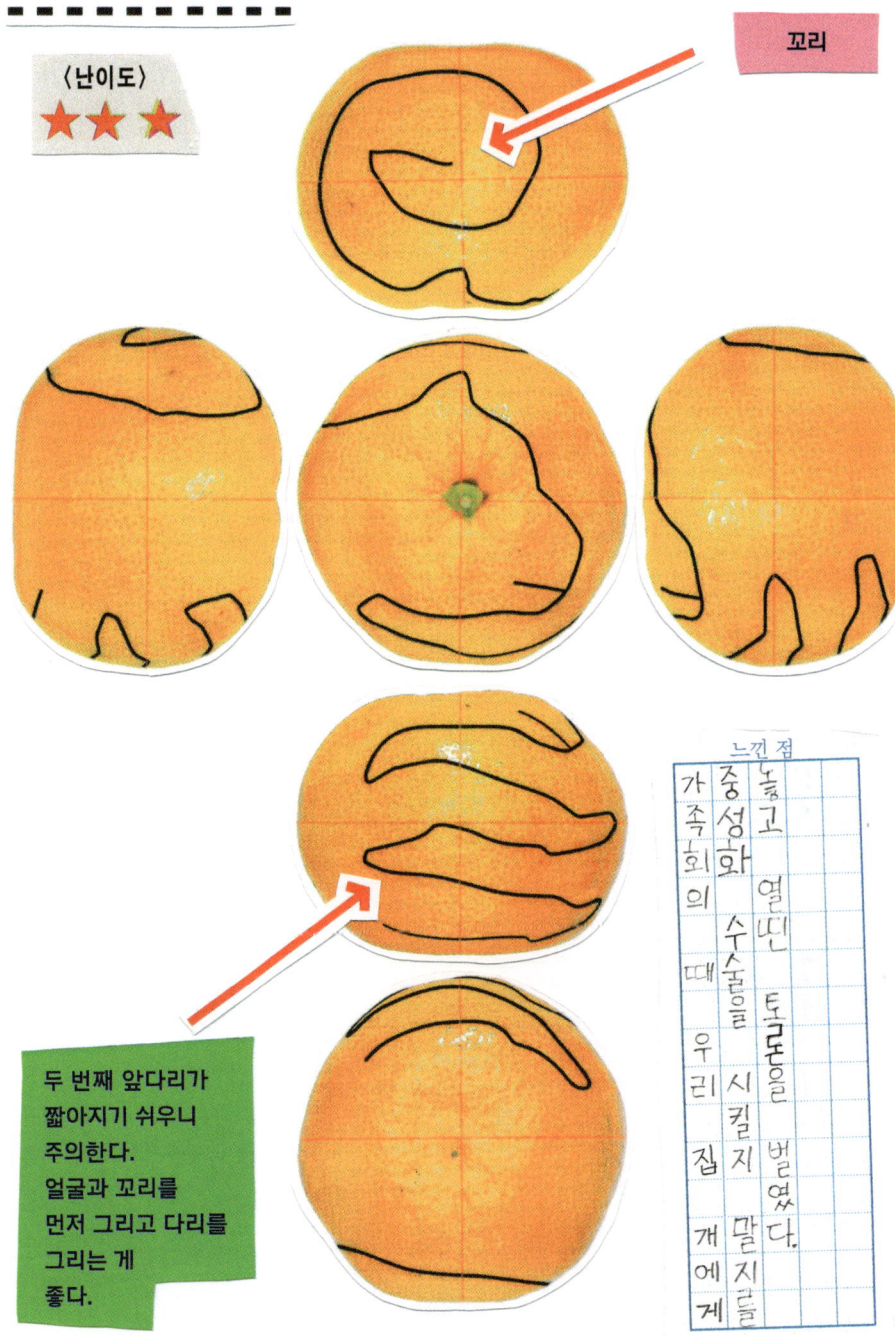

무키오는 만족스러운 표정으로 정성껏 귤을 깎았습니다.
"완성이다."
탁자 위에 슬며시 올려놓은 것은 마지막 동물,
멧돼지였습니다.
"드디어 해냈구나, 우리 아들. 결국 해냈어."
아빠가 말했습니다. 그때 '대-앵' 하고
제야의 종소리가 들려왔습니다.
"새해 복 많이 받으세요."
"축하한다, 무키오."

12
멧
돼
지

멧돼지 까는 방법

〈난이도〉
★★★★★

목이나 뒷다리 잇는 부분을 적당히 굵게 해야 실패하지 않는다.

찢어지기 쉬우니 가능하면 껍질이 두꺼운 귤을 쓰는 것이 좋다.

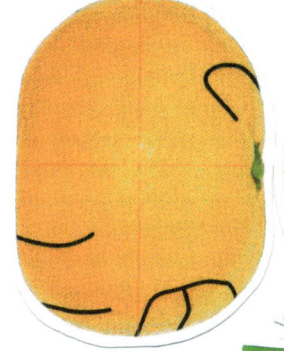
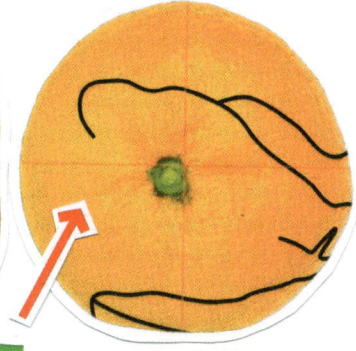
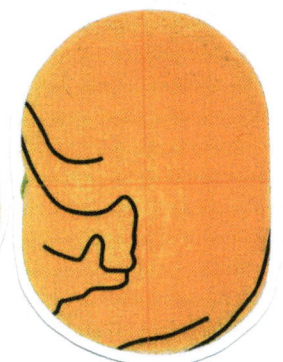

목

뒷다리 잇는 부분

느낀 점

정성을	음이다.	이	먹는다.
다해 깠다. 이렇게	따뜻해지는	멧돼지는 심지어	아무거나
	기분은 처음	아무거나	똥도 먹는다.
	마음		

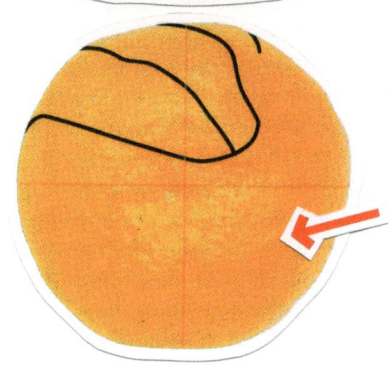

몸통을 깔 때는 이쑤시개나 꼬치로 조금씩 벗긴다.

"무키오?"
아빠가 부르지만 무키오는 대답이 없습니다.
"이 녀석, 어느새 잠이 들었네."
무키오는 잠들어 버렸습니다.
잠든 표정이 무척 평온해 보였습니다.
아빠는 생각했습니다.
'무키오 녀석, 부쩍 큰 것 같네.'

무키오의 까치설날 －끝－

13 오징어

"문어보다는 오징어지!"
무키오가 귤로 오징어를
까 냈습니다.
그걸 보고 노부무키는
깜짝 놀랐습니다.
무키오가 작은 목소리로
말했습니다.
"귤껍질의 해가 시작됐구나."
귤 까기의 역사가 바뀌고
있습니다. 그리고 새해도
시작되었습니다.

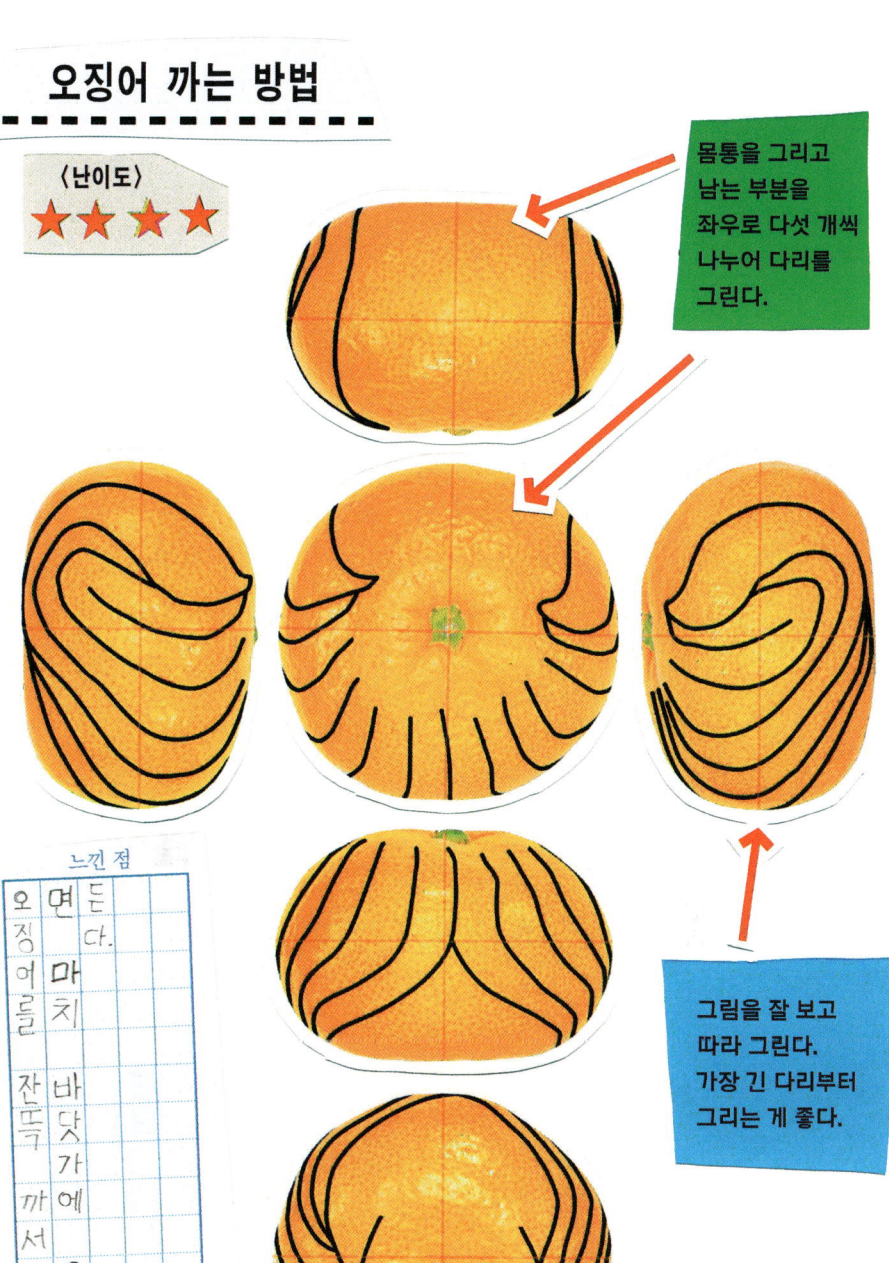

14 전갈

노부무키가 재촉합니다.
"이번엔 멋진 걸로 까 줘. 용 같은 거."
"용은 이미 깠어."
그렇게 말하고 무키오가 까 낸 것은 전갈입니다.
"우아, 굉장하다! 무키오,
더 까 줘. 용도 까 줘."
무키오는 대답하지 않았습니다.
과거를 뒤돌아보지 않는 남자이기 때문입니다.

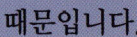

전갈 까는 방법

〈난이도〉
★★★

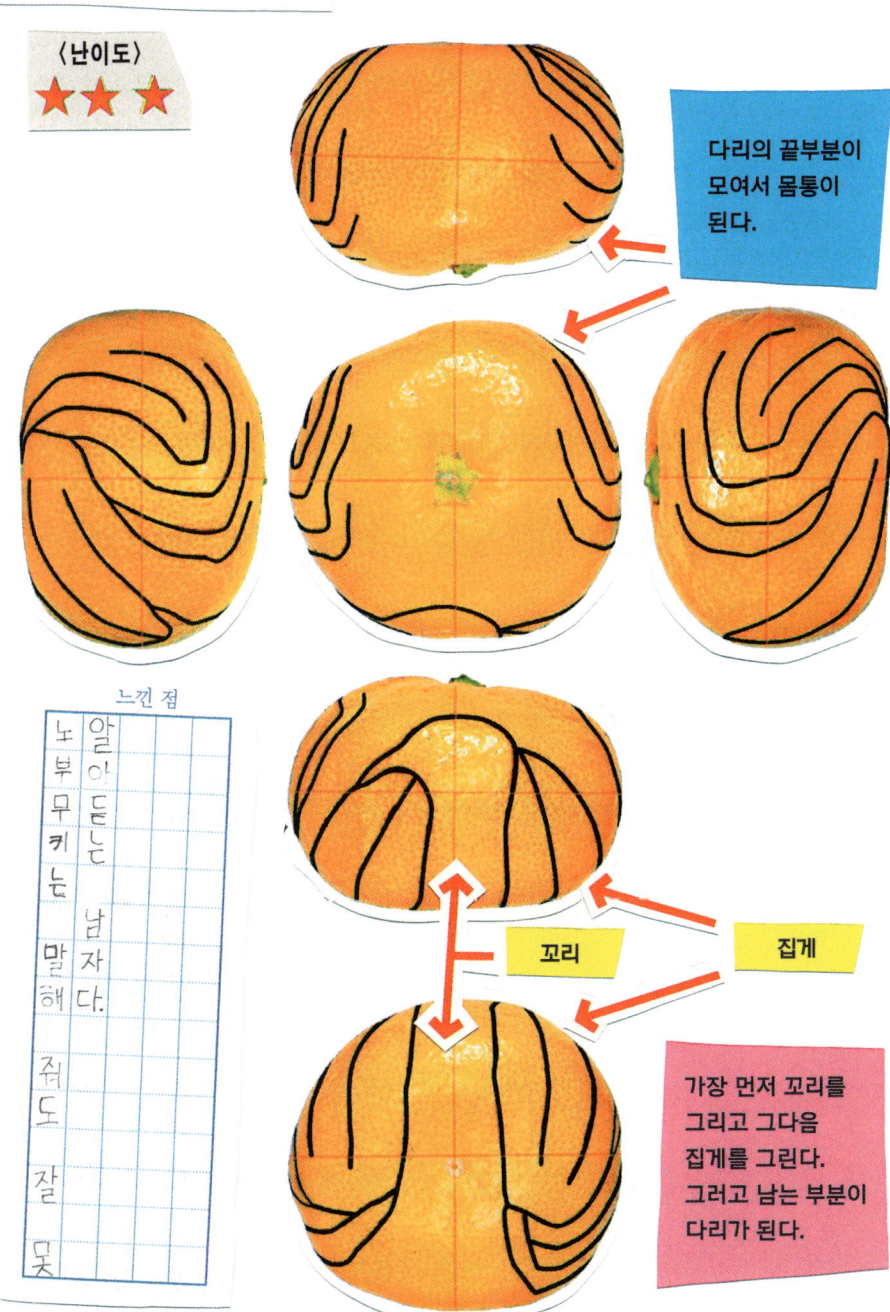

다리의 끝부분이 모여서 몸통이 된다.

꼬리   집게

가장 먼저 꼬리를 그리고 그다음 집게를 그린다. 그러고 남는 부분이 다리가 된다.

느낀 점

노부무키는	알아듣는					
	남자다.					
말해						
줘도						
잘						
못						

15 순록

"메리… 크리스마스."
순록을 까 낸 무키오가 중얼거렸습니다.
"무키오, 벌써 크리스마스를
기다리는 거니?"
앞집에 사는 무키나오 누나가 왔습니다.
"그런데 너, 대단하다.
다음엔 귀여운 걸로 까 줘."

순록 까는 방법

〈난이도〉
★★★

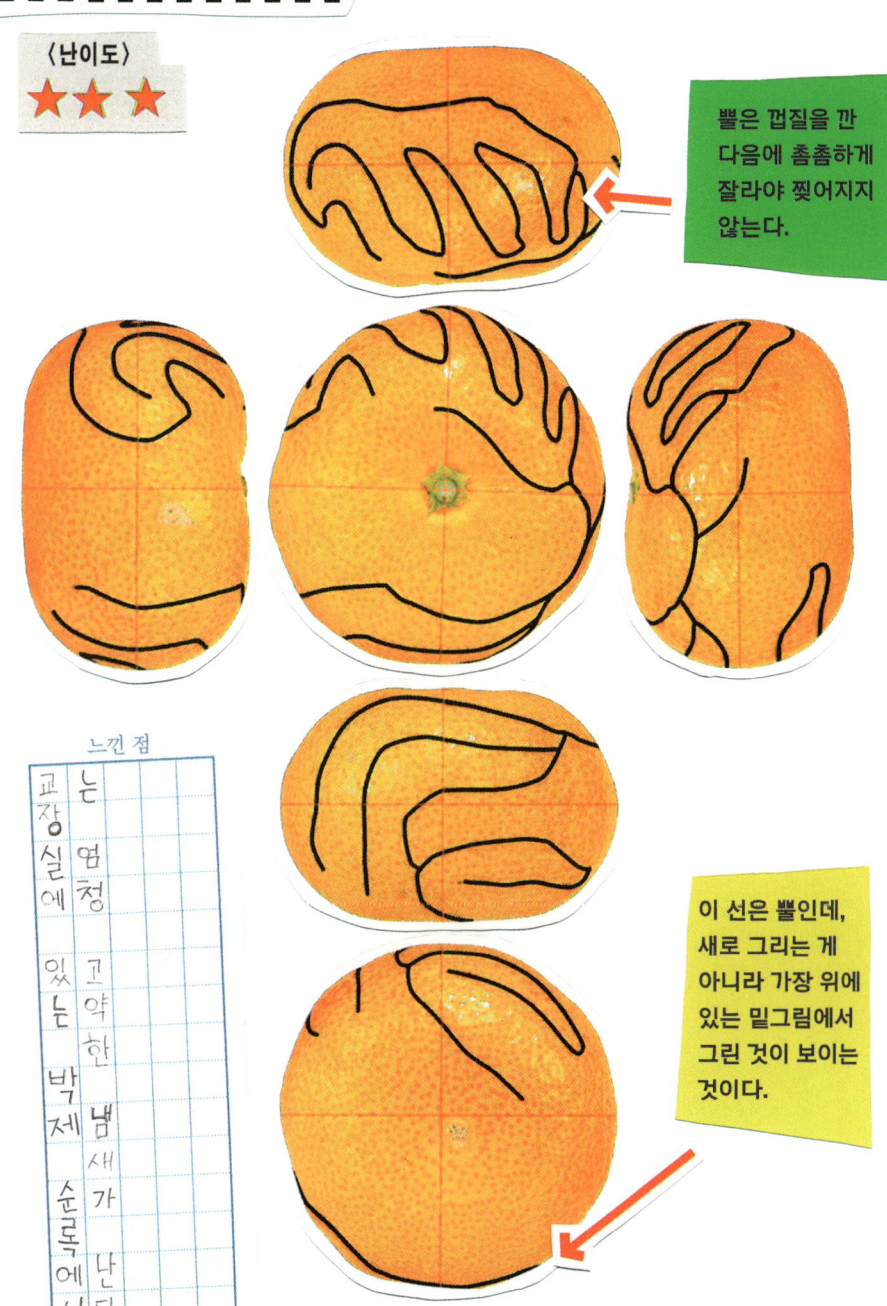

뿔은 껍질을 깐 다음에 촘촘하게 잘라야 찢어지지 않는다.

이 선은 뿔인데, 새로 그리는 게 아니라 가장 위에 있는 밑그림에서 그린 것이 보이는 것이다.

느낀 점

교장실에 있는 박제 순록에서 눈 엄청 고약한 냄새가 난다.

16 곰

무키오가 곰을 까 냈습니다.
"어머, 귀여워! 나 이거 가져도 돼?"
무키나오 누나의 말에 무키오는
말없이 고개를 끄덕였습니다.
"천재 소년이 나타났다고 소문내야지."
무키오는 생각했습니다.
'흠, 이제부터 바빠지겠군.'

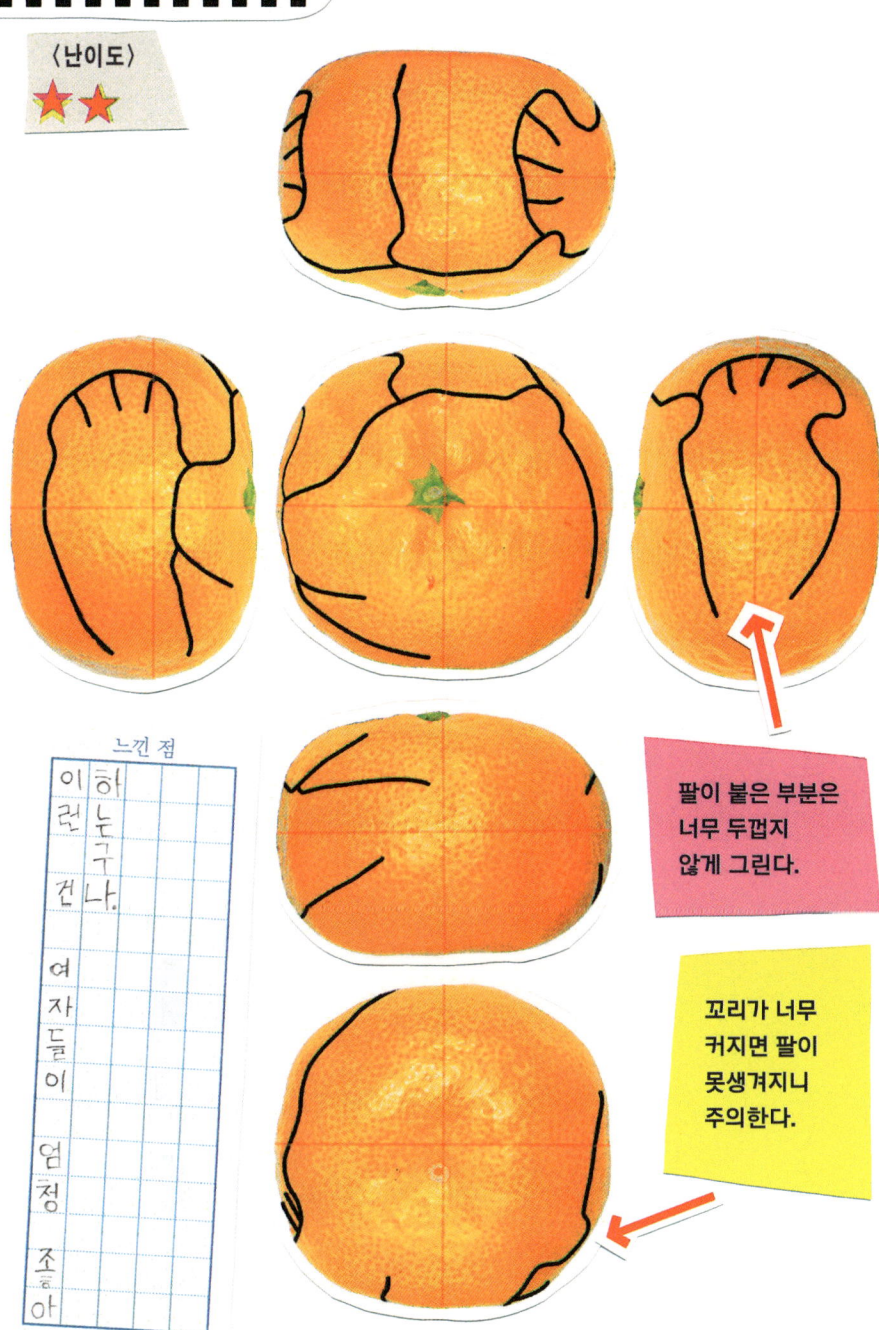

17 백로

그때, 세찬 바람이 불었습니다.
"어머! 심술궂은 바람이네."
무키나오 누나의 치마가 펄럭였습니다.
그것에 영감을 얻어 무키오가
까 낸 것은 백로였습니다.
"다음엔 용을 까 달라니까."
옆에서 친구 노부무키가
투덜거렸습니다.

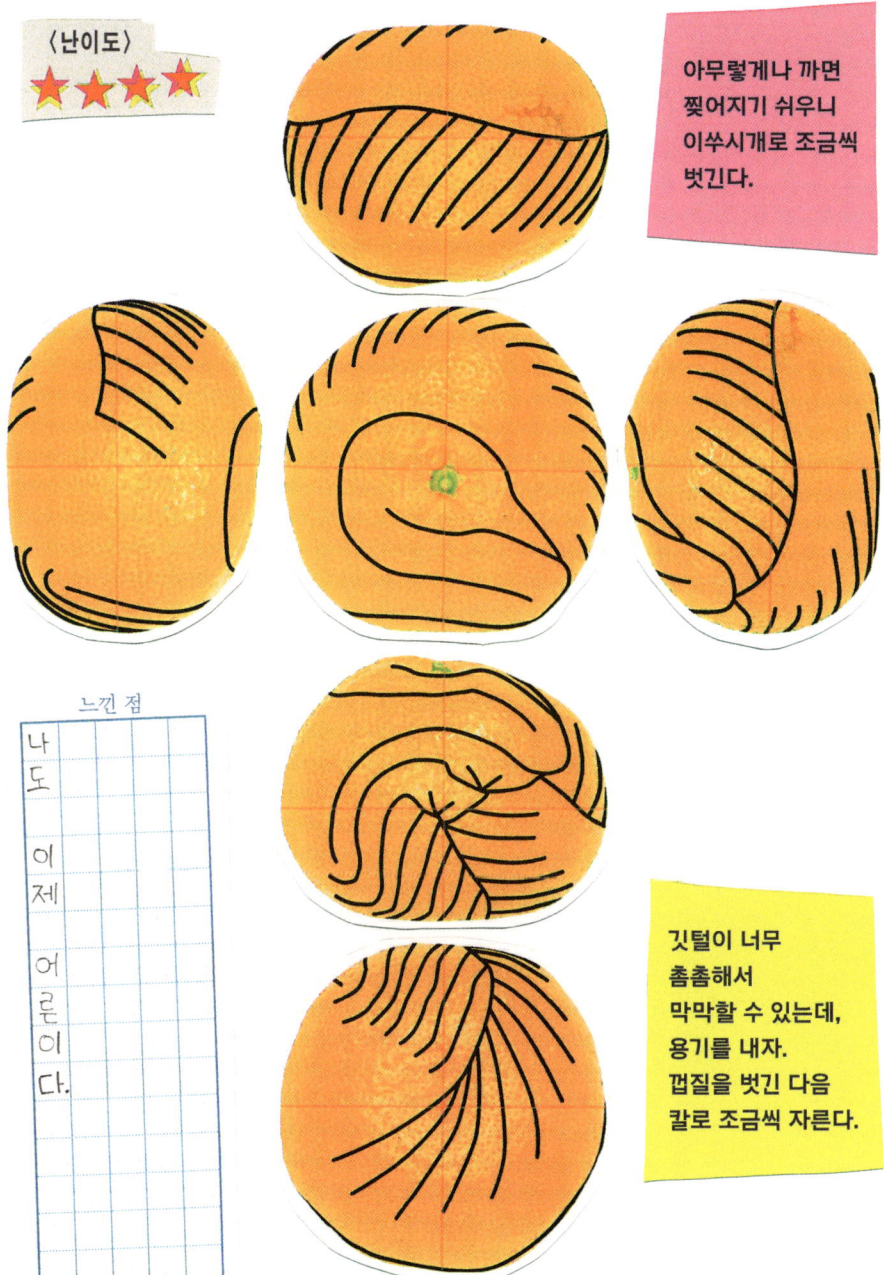

18 학

"다 깔 때까지 절대 보면 아니 된다."
말장난을 하며 무키오가 까 낸 것은
학이었습니다.
그러나 노부무키는 하나도
재미있지 않았습니다.
이번에도 무키오가 용을
까 주지 않았기 때문입니다.

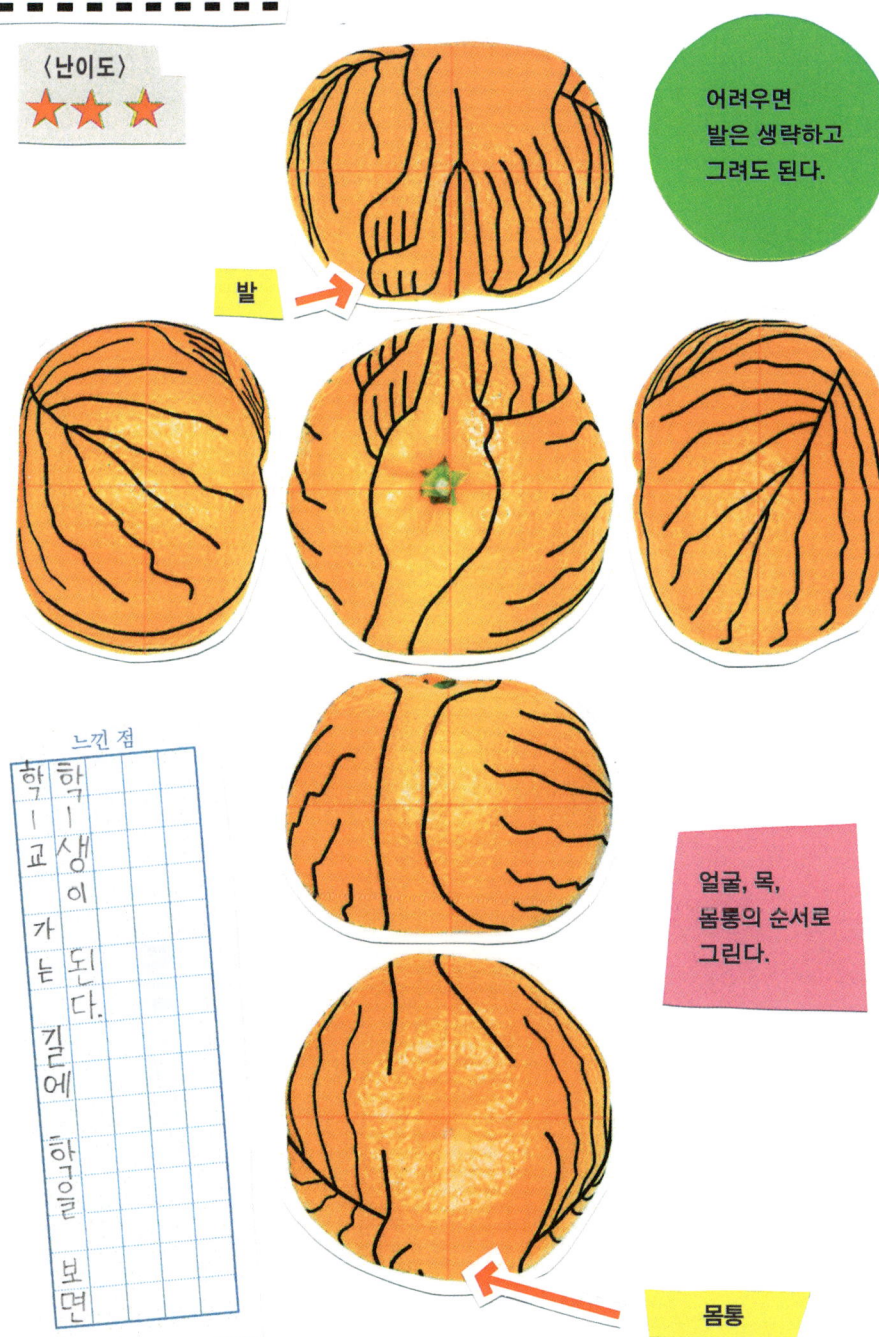

19 독수리

무키오가 귤로 까 낸 독수리를
들고 계속 말장난을 했습니다.
"독수리에게 독 수리를 맡기면
독에 술이 생기네."
그 순간 노부무키가 무키오에게
달려들었습니다.
"용 까 달라고!"
둘은 치고 박기 시작했습니다.

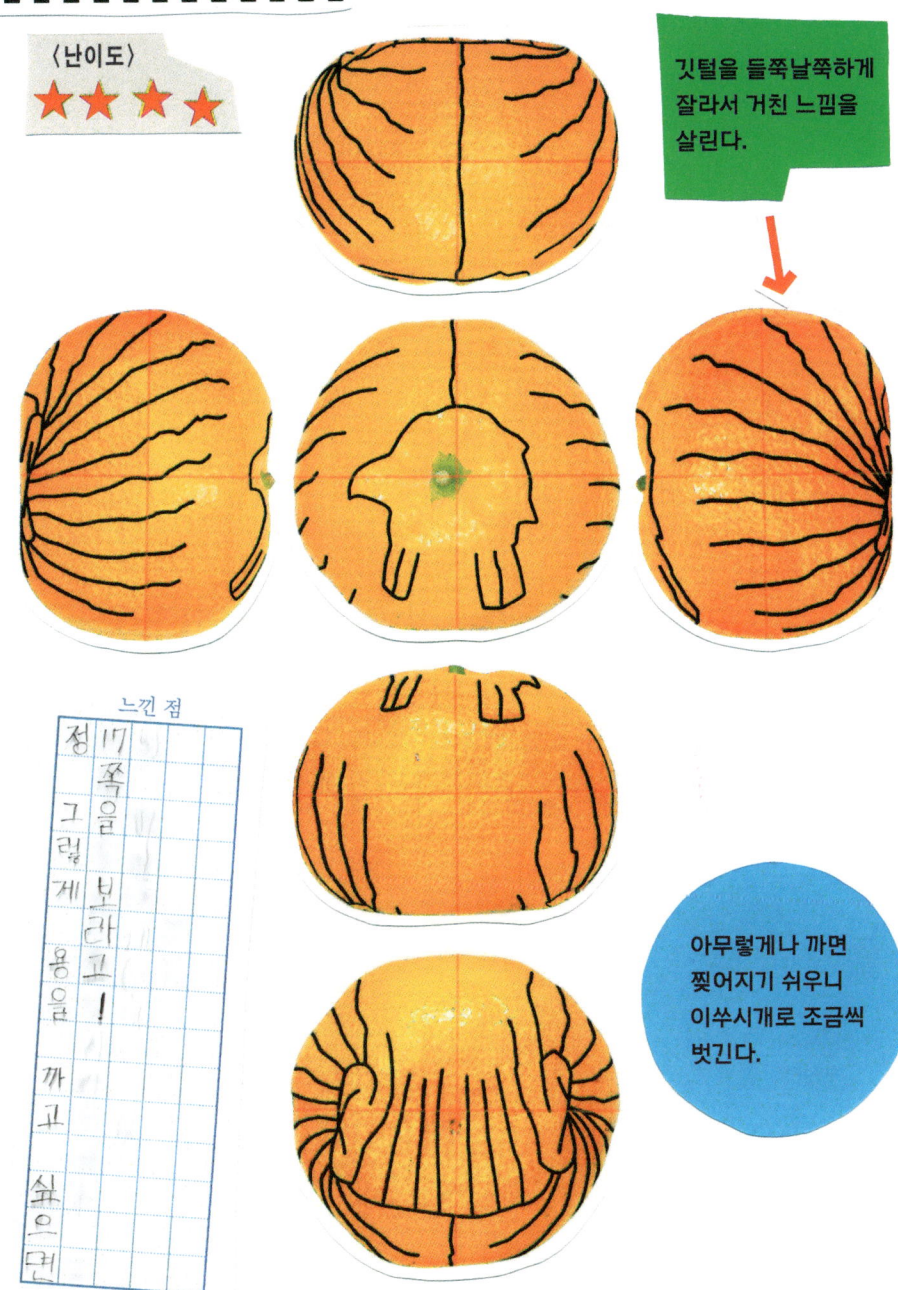

20 비둘기

"다들 그만!"
무키오가 스승님이라고 부르는, 늘 공원에 있는 아저씨가 나타나 싸움을 말렸습니다.
"스승님…."
"어서 화해하게나."
무키오가 평화의 상징인 비둘기를 까 냈습니다.
"좋아. 이것으로 평화가 찾아왔군."

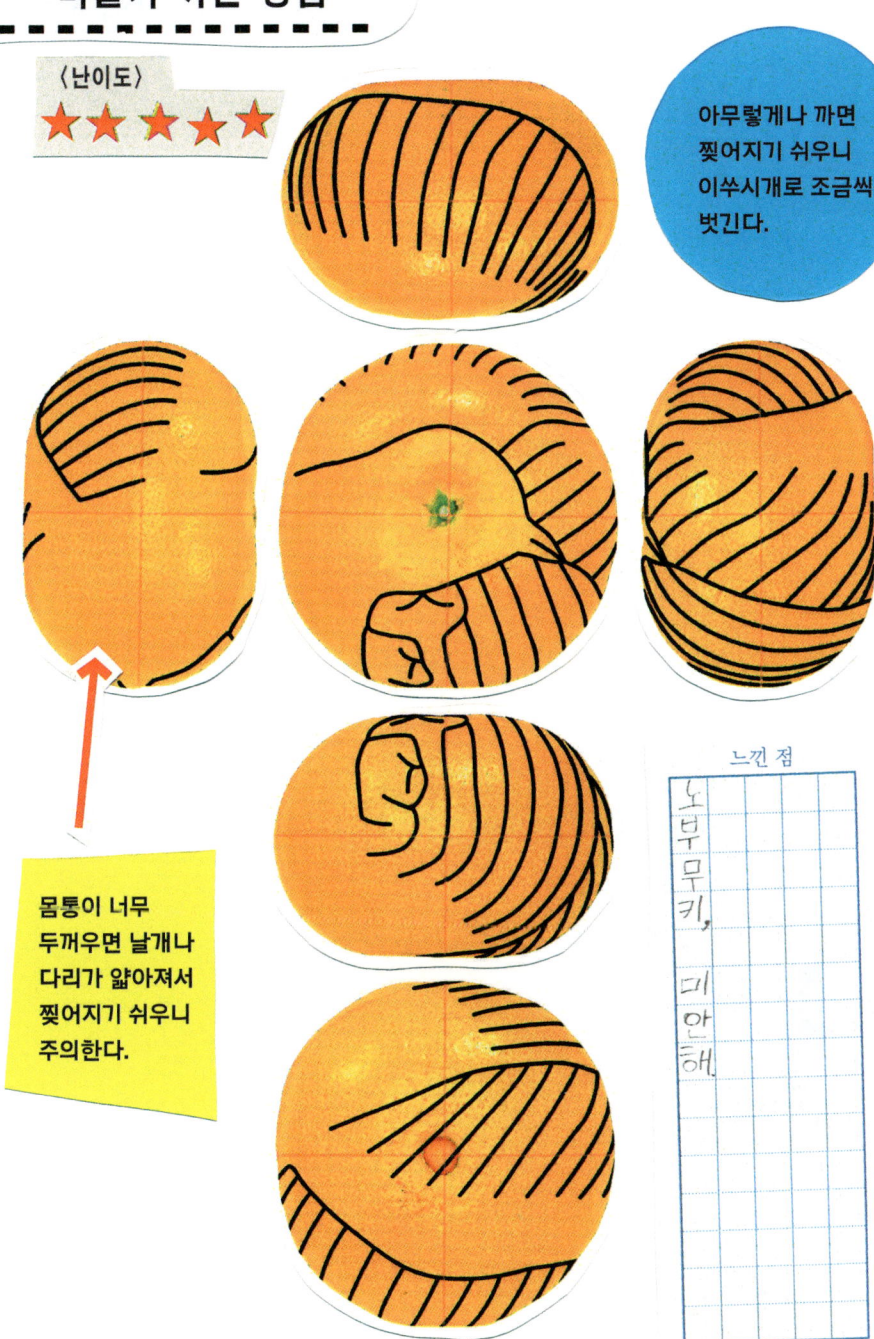

21 개구리

'내가 초심을 잃었구나.'
무키오는 개구리가 올챙이 적 생각을 한다는 의미를 담아 개구리를 까 냈습니다.
"좋은 마음가짐이야. 초심으로 돌아가 네가 진정 까고 싶었던 것이 무엇이었는지 잘 생각해 봐."
스승님이 말씀하셨습니다.

개구리 까는 방법

〈난이도〉
★★★

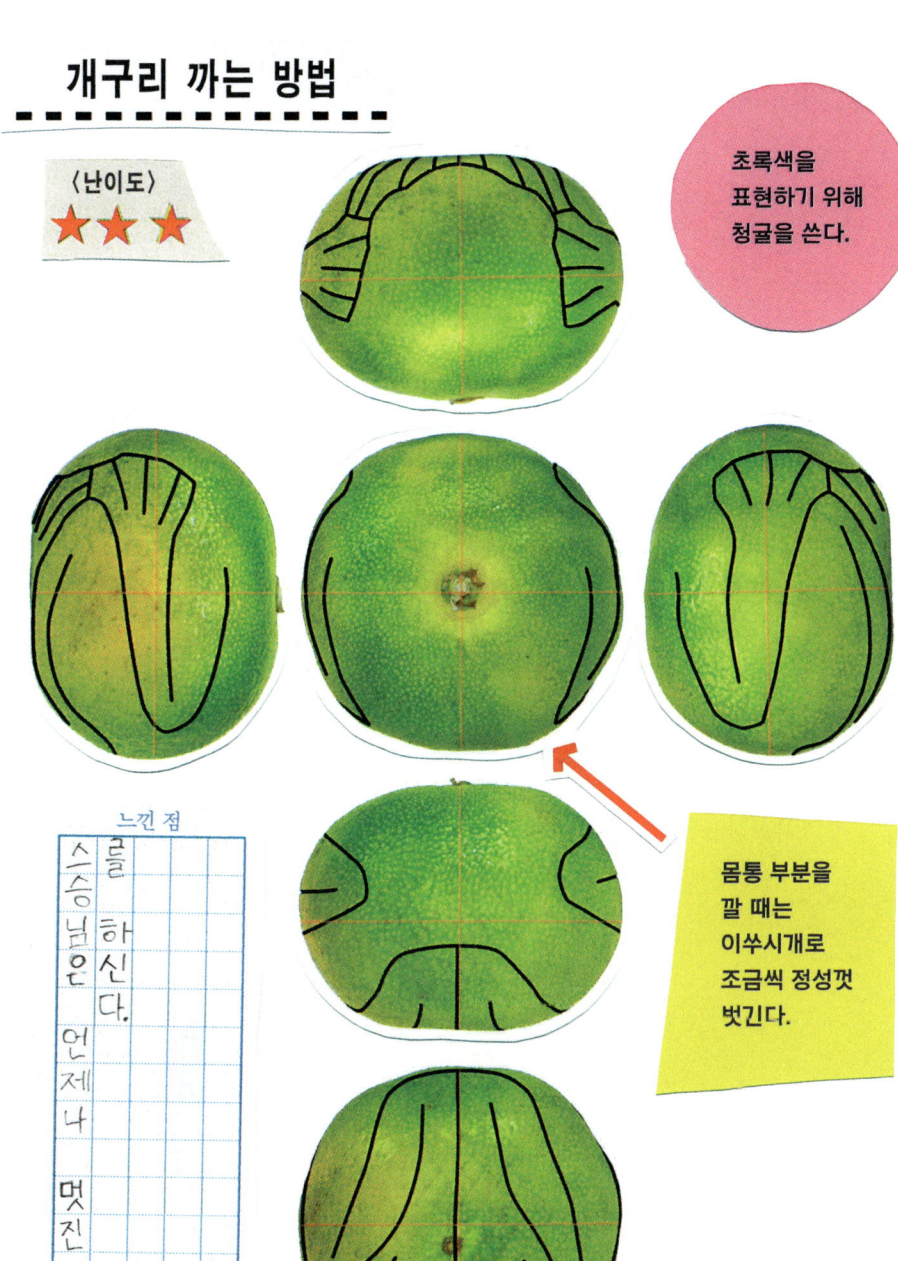

초록색을 표현하기 위해 청귤을 쓴다.

몸통 부분을 깔 때는 이쑤시개로 조금씩 정성껏 벗긴다.

느낀 점

스승님은 늘 하신다. 언제나 멋진 이야기

㉒ 사마귀

"사마귀! 저는 사마귀를 좋아합니다!"
사마귀가 좋다는 것,
그것이 바로 무키오가 자신의
한계를 벗겨 내고 얻은
답이었습니다.
스승님은 흔들림 없는 눈빛으로
조용히 고개를 끄덕였습니다.

사마귀 까는 방법

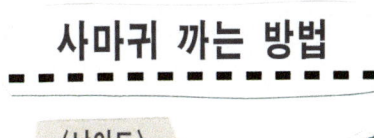

〈난이도〉
★★★★★

초록색을 표현하기 위해 청귤을 쓴다.

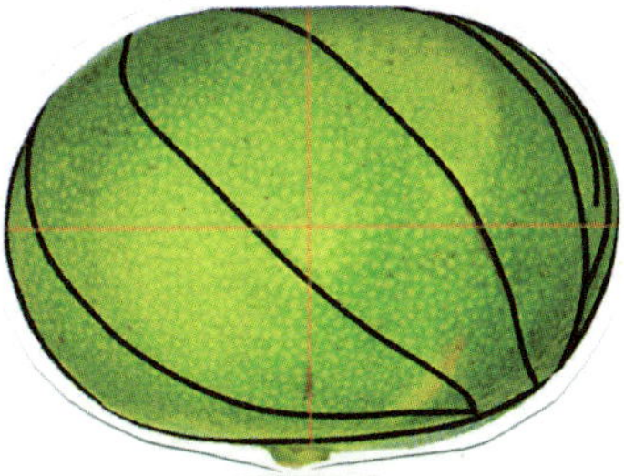

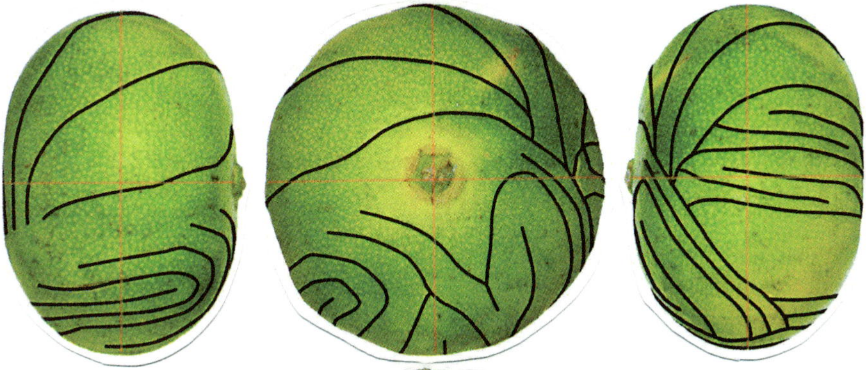

더듬이나 중간 다리는 찢어지기 쉬우니 두 개를 합쳐서 자른 다음 마지막에 나눈다.

밑그림이 복잡해 보이지만 손발 부분만 그려도 다 그린 거나 마찬가지다. 완성하고 나면 성취감도 크다.

느낀 점

다시 그것은 다음은 것 임 제 가 니 다. 사 마 귀 를 좋 아 하 감 사 합 니 다. 소중한 것을 주셨습니다. 선생님은 떠올리게 해

㉓ 태양

"하와이에서 만날 수 있는
불타는 태양과 불가사리다!"
뜨겁게 내리쬐는 태양과
불가사리가 늘어서 있는 해변,
설 연휴에 떠나는
하와이 여행!
그것이 바로 무키오가
보내고 싶은 설날입니다.

㉔ 불가사리

태양 까는 방법

〈난이도〉
★

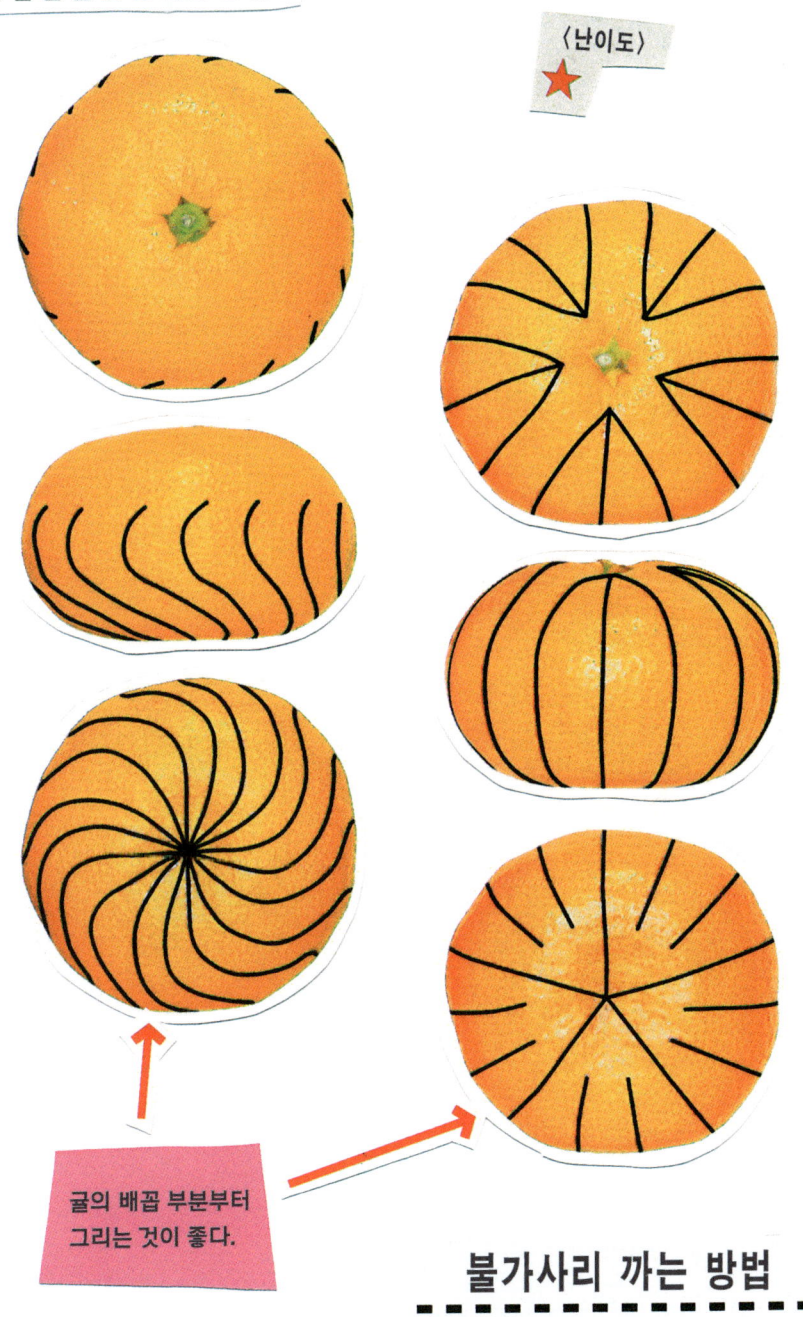

귤의 배꼽 부분부터 그리는 것이 좋다.

불가사리 까는 방법

25 괴물 네시

"그리고 이거지, 네시*!"
무키오가 흥분해서 외쳤습니다.
"네시!"
노부무키도 같이 외쳤습니다.
"네시! 네시!"
스승님은 흔들림 없는 눈빛으로 조용히 고개를 끄덕였습니다.
네시를 외치는 소리는 아주 오랫동안 공원에 울려 퍼졌습니다.

*네시
스코틀랜드의 네스 호에서 목격된 미확인 생명체.
네스 호의 괴물, 네시라고 불리며 20세기 최대 미스터리로 남아 있다.

괴물 네시 까는 방법

〈난이도〉
★★

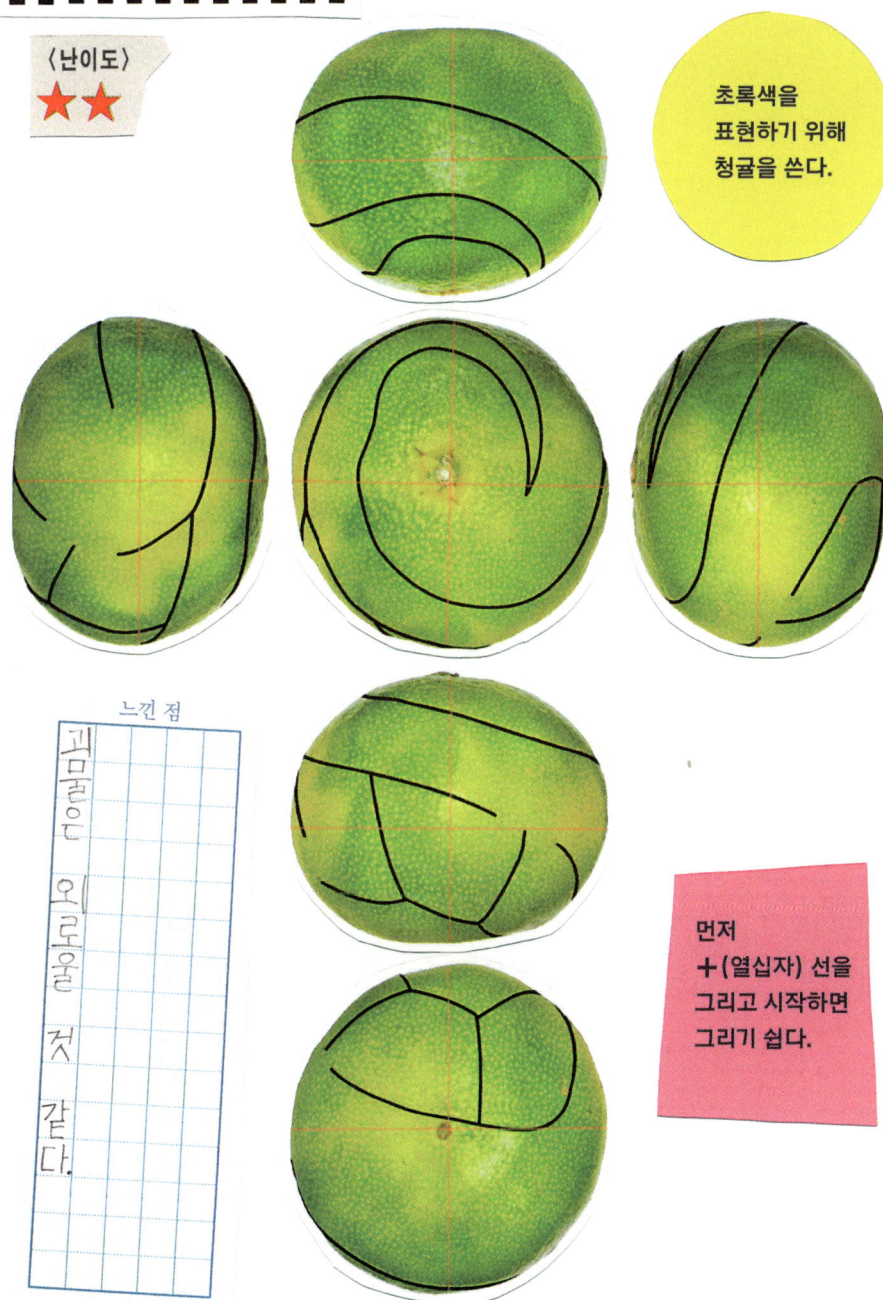

초록색을 표현하기 위해 청귤을 쓴다.

느낀 점
괴물은 외로울 것 같다.

먼저
+(열십자) 선을 그리고 시작하면 그리기 쉽다.

무키오의 설날 -끝-

굴껍질 작품 보관하는 방법

굴껍질을 그냥 내버려 두면 껍질이 마르면서 모양이 뒤틀린다. 그렇다고 무거운 돌로 눌러 놓으면 곰팡이가 생긴다. 가장 좋은 방법은 촘촘한 구멍이 있는 철망에 올려놓고 바람이 잘 통하게 해서 말리는 것이다. 사진처럼 껍질 끝부분에만 물건을 올려놓는 간단한 방법도 있다.

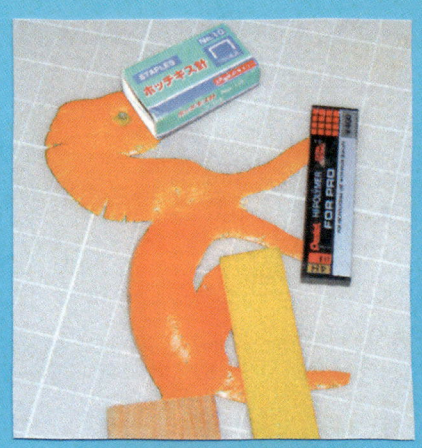

오징어

마른 오징어가 되어 버린 오징어

전갈

전갈은 마르면서 자연스럽게 뒤틀리게 두면 더 멋지다.

사마귀

청귤로 만든 사마귀가 마르면 이런 색이 된다.

다른 과일 껍질로 만드는 방법

귤 말고 다른 과일 껍질로도 만들면 일 년 내내 작품을 만들 수 있다.
머스크 멜론이나 아보카도는 자르기 어려우니 반드시 어른과 함께 만든다.

여름 밀감
- 순록
- 오징어

유자
- 뱀

머스크 멜론
- 말
- 사마귀

아보카도 아보카도에 그릴 때는 옷감에 쓰는 초크가 좋다.
- 학
- 독수리
- 개구리

마치며

마지막까지 이 책을 재미있게 읽어 주셔서 감사합니다. 여러분은 몇 개에 도전하셨나요?

저와 '귤 까기 아트'의 인연은 우연히 까 놓은 귤껍질이 전갈로 보인 날부터 시작됐습니다. 귤껍질이 전갈로 보일 리가 있냐고요? 뭐, 그럴 수도 있겠네요. 하지만 어떤 일이든 작은 가능성에서부터 출발하는 법이지요.

둥근 입체로 된 귤을 까서 평면으로 만드는 것은 둥근 지구를 평면의 세계 지도로 만드는 것과 비슷합니다. 저는 어린 시절부터 지도를 무척 좋아했습니다. 둥근 지구가 평면의 세계 지도가 되는 게 어찌나 신기하던지요. 그러니 '귤 까기 아트'는 오래전부터 제 마음속에 자리 잡고 있었던 셈이죠. 여러분이 지금 가지고 있는 취미나 꿈도 마찬가지예요. 아무리 작은 것이라 해도 나중에 어떤 특별한 모습으로 꽃피울지 모르는 일입니다. 그러니 아주 소중히 여겨야겠지요.

우리가 흔히 많이 하는 종이접기는 꼭 네모난 종이를 접어야만 만들 수 있다는 한계가 있습니다. 귤 까기도 꼭 귤껍질을 까야만 만들 수 있다는 한계가 있어요. 혹시 까다가 남는 부분이 생긴다

자몽으로 만든 지구본입니다.

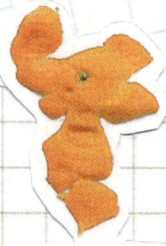

전갈로 보이나요?

해도 떼어 버리거나 다른 곳에 붙일 수 없지요. 하지만 종이접기든 귤 까기든 그런 한계가 있어서 오히려 재미있습니다. 화단이나 정원을 꾸미는 일도 그래요. 정해진 공간이라는 한계 속에서 그곳을 얼마나 아름답게 할 수 있을지를 고민하는 게 재미있는 것입니다.

새로운 귤 까기 방법을 만들어 내는 건 아주 고생스럽습니다. 대략 모양을 만들었다고 해도 정돈해 나가다 보면 바꿔야 할 부분이 생기고, 그 과정에서 다른 곳도 계속 바뀌게 되거든요. 모양은 각 부분이 너무 튀지 않으면서 서로 자연스레 이어져야 합니다. 바로 모양을 조화롭게 하는 작업인데, 매우 어렵지요. 간혹 처음 생각했던 모양과 다르게 완성되기도 하지만 완성된 작품을 보면 언제나 상상했던 것 이상으로 매력적입니다.

무심코 버리는 귤껍질에 의미와 생명을 불어넣는 이 작업은 세상 모든 사물을 소중히 여기는 마음과도 통합니다.

주어진 한계 속에서 만들고, 조화롭게 하고, 무심코 버리는 것에 의미와 생명을 불어넣는 '귤 까기 아트'는 말 그대로 재미와 조화, 아름다운 마음이 모두 녹아 있는 최고의 만들기입니다.

오카다 요시히로

그 지구본을 잘라 말을 만들었습니다.
한 개의 껍질을 알뜰하게 썼죠.

ATARASHI MIKAN NO MUKIKATA
ⓒ 2010 Yoshihiro OKADA, Keisuke KAMIYA
All rights reserved.
Originally Japanese edition published by SHOGAKUKAN.
Korean translation rights arranged with SHOGAKUKAN
through THE SAKAI AGENCY and IMPRIMA KOREA AGENCY.
Korean Translation copyright ⓒ Gilbutschool 2017

이 책의 한국어판 저작권은 THE SAKI AGENCY 와 IMPRIMA KOREA AGENCY 를 통한 SHOGAKUKAN 과의 독점계약으로 길벗스쿨에 있습니다 .
저작권법에 의해 한국 내에서 보호를 받는 저작물이므로 무단전재와 무단복제를 금합니다 .

시선강탈
고수의 귤 까기 아-트

초판 1쇄 발행 2017년 11월 20일
초판 7쇄 발행 2024년 12월 31일

만든 사람 오카다 요시히로
쓰고 그린이 카미야 케이스케
옮긴이 정미은
발행인 이종원
발행처 길벗스쿨
출판사 등록일 2006년 6월 16일
주소 서울시 마포구 월드컵로 10길 56(서교동)
대표전화 (02)332-0931 | **팩스** (02)323-0586
홈페이지 www.gilbutschool.co.kr | **이메일** gilbut@gilbut.co.kr

기획 및 책임편집 이현주
제작 이준호, 손일순, 이진혁 | **마케팅** 지하영
영업유통 진창섭 | **영업관리** 정경화 | **독자지원** 윤정아

디자인 미르 | **손글씨** 김재준 | **CTP출력 및 인쇄** 두경 M&P | **제본** 경문제책

* 잘못 만든 책은 구입한 서점에서 바꿔 드립니다.
* 이 책은 저작권법에 따라 보호받는 저작물이므로 무단전재와 무단복제를 금합니다.
  이 책의 전부 또는 일부를 이용하려면 반드시 사전에 저작권자와 길벗스쿨의 서면 동의를 받아야 합니다.

ISBN 978-89-6222-745-1 (13630)
  (길벗스쿨 도서번호 200242)